Καταιγίδες ύπαρξης και
άλλες ιστορίες

Καταιγίδες ύπαρξης και άλλες ιστορίες

Aldivan Torres

aldivan teixeira torres

CONTENTS

1 | Καταιγίδες ύπαρξης και άλλες ιστορίες   1

1

Καταιγίδες ύπαρξης και άλλες ιστορίες

Aldivan Torres

Καταιγίδες ύπαρξης και άλλες ιστορίες

Δημοσιεύτηκε από : Aldivan Torres
©2023- Aldivan Torres
Με την επιφύλαξη παντός δικαιώματος.
Σειρά: Πνευματικότητα και αυτοβοήθεια

Αυτό το βιβλίο, συμπεριλαμβανομένων όλων των τμημάτων του, προστατεύεται από πνευματικά δικαιώματα και δεν μπορεί να αναπαραχθεί χωρίς την άδεια του συγγραφέα, να μεταπωληθεί ή να μεταφορτωθεί.

Άλντιβαν Τόρες, με καταγωγή από τη Βραζιλία, είναι συγγραφέας που έχει εδραιωθεί σε διάφορα είδη. Μέχρι σήμερα έχει τίτλους δημοσιευμένους σε δεκάδες γλώσσες. Από μικρή ηλικία ήταν πάντα λάτρης της τέχνης της γραφής έχοντας εδραιώσει μια επαγγελματική καριέρα από το δεύτερο εξάμηνο του 2013. Ελπίζει με τα γραπτά του να συμβάλει στον πολιτισμό του Περναμπούκο και της Βραζιλίας, ξυπνώντας την ευχαρίστηση της ανάγνωσης σε όσους δεν έχουν ακόμη τη συνήθεια.

Αφιέρωση

Αφιερώνω αυτό το βιβλίο πρώτα στον Θεό, την οικογένειά μου, τους συγγενείς μου, τους αναγνώστες μου και όλους όσους με ενθαρρύνουν.

Εισαγωγή

Οι καταιγίδες της ύπαρξης μας δείχνουν το αληθινό μονοπάτι της ευτυχίας σε έναν όλο και πιο ταραγμένο, ανταγωνιστικό, γρήγορο και κακό κόσμο. Είναι μια στοχαστική ματιά στη ζωή, τη θρησκεία, τη σχέση μας με τον Θεό και τους ανθρώπους, για τον εαυτό μας και τις επιθυμίες, τις πεποιθήσεις, τους φόβους και τις προσδοκίες μας.

Ας βουτήξουμε σε αυτή τη θάλασσα σοφίας αναλογιζόμενοι τι είμαστε και τι μπορούμε να κάνουμε. Το μονοπάτι είναι γραμμένο και δεν πρέπει να περιστρέφουμε ούτε προς τα δεξιά ούτε προς τα αριστερά. Κάντε τη ζωή σας ένα μονοπάτι φωτός που οδηγεί τους άλλους στον αληθινό δρόμο της ευτυχίας.

Καταιγίδες ύπαρξης και άλλες ιστορίες
Καταιγίδες ύπαρξης και άλλες ιστορίες
Αφιέρωση
Εισαγωγή
Δεν έχετε την ευθύνη του κόσμου.
Πάρτε περισσότερα ρίσκα στο επάγγελμά σας.
Η ζωή αξίζει πάντα τον κόπο.
Να είστε ελεύθεροι ως σπουργίτια.
Μια βόλτα στο παλιό αγρόκτημα, πόλη Καλούμπι
Περιήγηση στο Μικρό Τύμπανο, χωριό Καλούμπι
Γεύμα με τους σοφούς
Προσέξτε τις λέξεις.
Μερικές φορές η σιωπή είναι η καλύτερη απάντηση.

Η εμφάνιση είναι πολύ σημαντική σε αυτόν τον κόσμο

Ας ενθαρρύνουμε την ανάγνωση και την τέχνη γενικότερα.

Κατάταξη σε φεστιβάλ

Η οικογενειακή μου κατάσταση είναι περίπλοκη. Η μόνη μου ευκαιρία να βρω την αγάπη θα ήταν σε μυστικότητα και σε ξεχωριστά σπίτια. Περίπλοκο, έτσι δεν είναι;

Απάντηση στους επικριτές μου

Ο υπέροχος τρόπος μου στη ζωή

Είναι εύκολο να αναγνωρίσετε πιστούς φίλους.

Να δίνετε πάντα τον καλύτερό σας εαυτό

Θα υπάρξουν στιγμές αγώνα, αλλά υπάρχει πάντα ελπίδα νίκης

Ακυρώστε τα ελαττώματά σας και εκτιμήστε τις ιδιότητές σας.

Δεν ζεις χωρίς ρίσκο.

Οι σημερινές ήττες μας προετοιμάζουν για τις αυριανές νίκες.

Παρά τις μεγάλες απογοητεύσεις, πιστεύω ότι η ζωή αξίζει τον κόπο.

Τίποτα δεν είναι για πάντα.

Δεν πρέπει ποτέ να εγκαταλείψουμε τη βελτίωση του κόσμου

Ενεργήστε όταν είναι απαραίτητο

Είναι απαραίτητο να γνωρίζουμε πώς να κατανοήσουμε τον κόσμο μέσω της παρατήρησης.

Μην υποτιμάτε τους φτωχούς, τους αδύναμους ή τους άπορους

Να είστε ανοιχτοί σε νέες καταστάσεις, βελτιώσεις και κατανόηση της επόμενης

Όσο ζω, θα κάνω καλό στους ανθρώπους.

Όσο δεν ακούμε τα σωθικά μας, θα παραμείνουμε δυσαρεστημένοι.

Ελέγξτε τα έργα σας.

Πριν κατηγορήσετε, σκεφτείτε τις πράξεις σας.

Όταν κάνετε ένα λάθος, πάρτε το.

Να είστε κατανοητοί με όλους.

Διατηρείτε πάντα την ηρεμία σας

Οι περήφανοι άνθρωποι δεν έχουν ποτέ πλήρη επιτυχία.

Μάθετε πώς να αναγνωρίζετε τον πιστό σας φίλο.

Το περπάτημα στο μονοπάτι του καλού είναι η καλύτερη επιλογή.

Ταξίδι στην περιοχή αλογόμυγα

Κάποιος μπορεί να κλέψει τη δουλειά σας, τον φίλο σας ή τα περιουσιακά σας στοιχεία. Το μόνο πράγμα που μπορεί να σας στερήσει ο καθένας είναι οι σπουδές σας ή οι γνώσεις σας.

Δεν υπάρχει τελειότητα στη γη. Επομένως, ο μόνος δάσκαλός μας πρέπει να είναι ο Θεός.

Όλοι έχουμε σημαντικές γνώσεις.

Η αρχή του πόνου είναι οι λανθασμένες επιλογές μας.

Μην αισθάνεστε ένοχοι για ό, τι δεν είναι στον έλεγχό σας.

Μην κρατάτε μνησικακία εναντίον κανενός.

Δεν πληρώνουμε για λάθη της προηγούμενης ζωής.

Μην παγιδευτείτε στους κανόνες, δημιουργήστε τη δική σας ηθική.

Μην εκτιμάτε την ομορφιά. Χαρακτήρας τιμής

Αποδεχτείτε το θάνατο ως την αναπόφευκτη μοίρα όλων μας.

Φροντίστε επιμελώς τα παιδιά σας.

Ποτέ μην θέλεις αυτό που δεν σου ανήκει.

Δημιούργησα έναν φανταστικό κόσμο για να νιώθω καλά.

Άγιος Ραϋμόνδος του Πίναφορτ

Παιδική και εφηβική ηλικία

Κάστρο Πίναφορτ - Βαρκελώνη- Ισπανία

Πέντε χρόνια μετά

Λίγο αργότερα

Σχετικά με την κληρονομιά περιουσίας μετά θάνατον

Οφείλω όλη μου την επιτυχία στους αναγνώστες μου.

Ο σεβασμός μου για τη μαύρη φυλή

Ο φόβος είναι ο μεγάλος κακός των αποτυχιών μας.

Δώστε στον εαυτό σας το δικαίωμα να σφάλλει.

Αφήστε τον εαυτό σας να παρασυρθεί από τη ροή της ζωής.

Η μοναξιά διδάσκει επίσης πολλά σημαντικά πράγματα.

Να είστε ευτυχισμένοι σε κάθε περίπτωση.

Η αγάπη είναι μια μεγάλη πνευματική μάθηση.

Η καθαρή συνείδηση είναι ανεκτίμητη.

Η εμπιστοσύνη στους άλλους είναι ένας μεγάλος κίνδυνος.

Ποτέ μην αφήσετε την πίστη σας να τελειώσει

Ό,τι έχεις από σένα συμβαίνει.

Κάντε για τον εαυτό σας αυτό που θέλετε για τον κόσμο.

Ποτέ μην προσπαθείτε να βλάψετε τον άλλο.

Μπορούμε να ξεπεράσουμε τις μεγάλες καταιγίδες της ζωής μας με νοημοσύνη.

Η αγάπη μας κάνει να πιστεύουμε ότι όλα αξίζουν τον κόπο.

Υπάρχουν πράγματα στα οποία δεν μπορούμε να επανέλθουμε

Δεν μπορούμε πάντα να δουλεύουμε πάνω σε αυτό που μας αρέσει.

Μην αφήνετε το κακό να είναι στη ζωή σας.

Προσπαθήστε να ζήσετε σε αρμονία με όλους.

Να είστε λιγότερο αδαείς και περήφανοι.

Σκεφτείτε πολύ και σκληρά πριν μιλήσετε.

Όλες οι σεξουαλικότητάς είναι σημαντικές και πρέπει να γίνονται σεβαστές.

Να χαίρεστε για κάθε επίτευγμα και για κάθε μέρα που ζείτε.

Όταν αντιμετωπίζουμε μεγάλες προκλήσεις, είναι ότι δείχνουμε την ικανότητά μας να

Λάβετε με χαρά όλες τις επισκέψεις από το σπίτι σας

Η αγάπη είναι κάτι που πρέπει να καλλιεργείται καθημερινά.

Μην λατρεύετε το παρελθόν σαν να μην υπάρχει αύριο.

Υπάρχουν πολλές μορφές αγάπης στον κόσμο.

Μην ψάχνετε για μια σχέση αγάπης από οικονομικό ενδιαφέρον. Μείνετε για αγάπη με το άτομο.

Δεν υπάρχει απόλυτα σωστή ηθική.

Χρειαζόμαστε γενναιόδωρους και καλούς ανθρώπους.

Η ιστορία της πόλης Πιο χαμηλα στην πολιτεία της Μπαΐα

Μιλήστε στο μεγάλο σπίτι.

Νέος ιδιοκτήτης και άνοιγμα του εμπορίου.

Μιλήστε με τον πατέρα.

Η ανέγερση του Ναού της Παναγίας της Υγείας

Τέλος της ιστορίας

Έχετε την αλήθεια ως θεμελιώδη αξία στη ζωή σας.

Όσο περνάει ο καιρός, τόσο πιο δύσκολα γίνονται τα πράγματα.

Προσοχή στις κακές επιρροές

Η σκοτεινή νύχτα της ζωής μου

Ο Θεός δημιούργησε τον άνδρα και τη γυναίκα για να παντρευτούν και να πολλαπλασιαστούν.

Πριν επικρίνετε, παρατηρήστε τη στάση σας.

Είναι ευκολότερο να αγαπάς μακρινούς ανθρώπους.

Απαλλαγείτε από όλα όσα σας φυλακίζουν.

Πρέπει να μάθουμε να ζούμε με τη διαφορά των άλλων.

Δεν έχει νόημα να κρίνεις, δεν ξέρεις το άτομο

Είναι δύσκολο να μείνουμε μακριά από τους ανθρώπους που αγαπάμε.

Όσο περισσότερο σκέφτεστε τις αποτυχίες, τόσο περισσότερο τις προσελκύετε.

Με κάθε κακό γεγονός, σηκωθείτε.

Κάθε νίκη στη ζωή μας έχει μια ιστορία.

Αφήνω το όριο της λογοτεχνίας μου να είναι η φαντασία μου.

Κάντε μια ειλικρινή και ήσυχη βόλτα.

Μην ντρέπεστε για τη δουλειά σας.

Ποτέ μην μετανοείτε για την καλοσύνη σας

Ζήσε σαν να μην έχεις θρησκεία.

Η ζωή στο ίδιο σπίτι είναι περίπλοκη.

Είχα το όνειρο να κάνω παιδιά.

Όταν είμαστε δυσαρεστημένοι, μας παρακινεί να αλλάξουμε.

Πάντα να διαλογίζεστε για την εσωτερικότητά σας

Ευθύνη στο γάμο

Ζωή και θάνατος

Λίγα λόγια για τη μητέρα μου

Λίγα λόγια για τον αδερφό μου Αντενίλντο

Το μεγάλο μου όνειρο ήταν να γυρίσω τον κόσμο.

Να είστε ευτυχισμένοι ακόμα κι αν σας παρεξηγούν οι άλλοι

Μην αφήνετε κανέναν να κυριαρχήσει στις ενέργειές σας.

Ο εγωισμός είναι το χειρότερο από τα ελαττώματα.

Δεν έχετε την ευθύνη του κόσμου.

Δεν είναι απαιτητό, δεν είναι δυνατόν να φέρουμε μαζί μας την ευθύνη που είναι των άλλων. Για να παραμείνουμε ελεύθεροι, ανάλαφροι και χαλαροί, πρέπει να μοιραστούμε τις ευθύνες μας με εκείνους που έχουν αυτή την υποχρέωση.

Σε όλη μου τη ζωή, κουβαλούσα ένα πολύ μεγάλο βάρος οικογενειακής ευθύνης. Αυτό συμβαίνει επειδή τα αδέλφια μου δεν σπούδασαν και πήγα στο κολέγιο, πήρα μια δημόσια δουλειά και η μαμά μου πέθανε. Αυτό το σύνολο παραγόντων με οδήγησε σε έναν κόσμο χάους και μεγάλων ευθυνών.

Νιώθω ευγνώμων που βοηθάω τα αδέλφια μου, είναι τα πάντα για μένα. Ταυτόχρονα, όμως, νιώθω μπερδεμένη γιατί δεν ζω την προσωπική μου ζωή και δεν χτίζω τη δική μου οικογένεια. Ονειρευόμουν να έχω το δικό μου σπίτι, τον άντρα μου και τα παιδιά μου. Αλλά δυστυχώς, είμαι η μόνη σωσίβια λέμβος στην οικογένειά μου.

Μερικές φορές αισθάνομαι θαμπός και ανυπότακτος να έχω σχέση με κάποιον επειδή δεν έχω ελευθερία στο σπίτι μου. Τι θα είχα να προσφέρω σε κανέναν; Μόνο στιγμές ευχαρίστησης; Μπορεί μια σχέση να βασίζεται μόνο στο σεξ και τα ταξίδια; Αυτά είναι πολλά προσωπικά ζητήματα που μου έφερε η επιλογή μου και από τα οποία δεν θα μπορέσω να ξεφύγω.

Πάρτε περισσότερα ρίσκα στο επάγγελμά σας.

Τι σας αρέσει να κάνετε; Σε ποιον τομέα έχετε τη μεγαλύτερη συγγένεια; Τι σας ενδιαφέρει περισσότερο τα χρήματα ή η ευημερία; Η απάντηση σε αυτές τις ερωτήσεις μπορεί να σας δώσει μια κατεύθυνση σχετικά με τον επαγγελματικό τομέα στον οποίο πρέπει να ενεργήσετε.

Είμαι δημόσιος υπάλληλος και συγγραφέας. Μου αρέσουν και οι δύο τομείς. Αλλά έχω περισσότερη συγγένεια με το γράψιμο. Επειδή το γράψιμό μου είναι μια θεραπεία, έβαλα περισσότερη από την ενέργειά μου σε αυτή τη δραστηριότητα. Το γράψιμο για μένα εκτός από το ότι είναι ένα μεγάλο χόμπι είναι πολύ διασκεδαστικό. Ασχολούμαι με το γράψιμο από τότε που ήμουν είκοσι τριών ετών. Έχω ξεπεράσει σοβαρά προβλήματα όπως η κατάθλιψη μέσω της γραφής. Και σήμερα, είναι ένα καλό εισόδημα για μένα. Έχω ενώσει την ευχαρίστηση του επαγγέλματος με καλή αμοιβή, η οποία είναι μεγάλη.

Η ζωή αξίζει πάντα τον κόπο.

Όσο κι αν έχουμε βάσανα ή εμπόδια να ξεπεράσουμε, η ζωή είναι όμορφη και αξίζει να τη ζούμε καλά. Αγαπώ τη ζωή από τότε που γεννήθηκα και ξεκίνησα να γράφω μια όμορφη ιστορία για τον εαυτό μου. Μοιράζομαι μαζί σας ότι είμαι μεγάλος νικητής. Ήμουν ένας μεγάλος πολεμιστής που πολέμησε κάθε εμπόδιο χωρίς φόβο.

Πάντα πίστευα στις ικανότητές μου. Πάντα έτρεχα σύμφωνα με τις επιθυμίες μου. Ήξερα να χάνω και εγκατέλειψα κάποια όνειρα. Αλλά έκανα νέα έργα και συνέχισα τη ζωή μου. Ποτέ δεν μπόρεσα να θρηνήσω και να πέσω στην απώλεια. Ναι, πιστεύω ότι υπάρχει μια διέξοδος από όλα. Έτσι, πίστευε ότι είμαι εδώ σήμερα πιο ειρηνικός, πεπεισμένος για τις αποφάσεις μου, χαρούμενος και έτοιμος για νέες καταιγίδες ζωής.

Να είστε ελεύθεροι ως σπουργίτια.

Να είστε ελεύθεροι ως σπουργίτια. Να είστε ελεύθεροι γιατί αυτό είναι το μεγαλύτερο επίτευγμά σας. Πολλοί άνθρωποι ζουν σε φυλακές από τις οποίες δεν μπορείτε να ξεφύγετε. Και είναι τόσο βασανιστικό να ζεις στη φυλακή και να πρέπει να ευχαριστείς τους άλλους. Είναι, επομένως, μια θαμπή και χωρίς νόημα ζωή.

Έχω ονειρευτεί να έχω μια ελεύθερη ζωή για πάντα, αλλά οι συνθήκες με έχουν παγίδα με τέτοιο τρόπο που δεν μπορώ να ξεφύγω. Η μόνη μου ελευθερία είναι η γραφή, η οποία μεταμορφώνει εντελώς όλη μου τη ζωή. Μέσα από τη λογοτεχνία μου, μπορώ επιτέλους να ονειρεύομαι καλύτερες μέρες. Και το μέλλον μου δίνει ελπίδα για ένα καλύτερο πεπρωμένο. Ο Θεός να μας ευλογεί όλους.

Μια βόλτα στο παλιό αγρόκτημα, πόλη Καλούμπι

Βρισκόμαστε στο παλιό αγροτικό χωριό, δήμος Καλούμπι. Λίγοι δρόμοι από τη μία πλευρά στην άλλη, αγροτική πτυχή, όπως κάθε χωριό στη Βραζιλία.

Μετακομίσαμε στο σπίτι του πνευματιστή Τόνι, ο οποίος είναι ένας από τους αναγνώστες της σειράς ο μάντης.

Τόνι

Καλώς ήρθατε στο σπίτι μου, αγαπητοί μου φίλοι. Είμαι φανατικός αναγνώστης του έργου σας ως συγγραφέα. Σας ευχαριστώ που αποδεχτήκατε την πρόσκλησή μου να γνωρίσετε αυτό το γοητευτικό μέρος που είναι παλιό αγρόκτημα.

Θεϊκός

Σας ευχαριστούμε. Είμαι ένας μεγάλος τυχοδιώκτης που ψάχνει να γνωρίσει τη Βραζιλία. Κάθε ευκαιρία είναι ευπρόσδεκτη.

Πνεύμα βουνού

Μου άρεσε αυτό το ιστορικό μέρος στο εσωτερικό του Περναμπούκο. Έχει λίγη γοητεία και μεγαλοπρέπεια. Είμαι έτοιμος να μάθω περισσότερα μυστικά από αυτό.

Βεατρίκη

Νιώθω μαγεία και καλή ενέργεια στον αέρα. Οι οντότητες μου λένε να προχωρήσω και να κάνω ανακαλύψεις. Όλα φαίνεται να πηγαίνουν καλά.

Ρενάτο

Κάνουμε ένα νέο βήμα προς τη νίκη. Είναι άλλο ένα κεφάλαιο στην ιστορία μας. Ας προχωρήσουμε, λοιπόν.

Τόνι

Μου φέρνει πολλή χαρά. Ας μπούμε στο ταπεινό μου σπίτι. Είναι ένα απλό αλλά πολύ άνετο μέρος.

Το κουιντέτο μπαίνει στο σπίτι, μπαίνει στο σαλόνι και εγκαθίσταται στον καναπέ. Με λίγη προσπάθεια, όλα ταιριάζουν.

Τόνι

Επιτρέψτε μου να σας παρουσιάσω τη γιαγιά μου Ιγνάθια, η οποία ήταν ένας μεγάλος σοφός άνθρωπος. Της είπα για όλους εσάς.

Ιγνάθια

Βλέπω ότι είστε μια σπουδαία ομάδα. Είναι μεγάλη μου χαρά να σας γνωρίσω. Θεϊκό, το μονοπάτι σου είναι γεμάτο φως. Βλέπω σε σας μια σαφή τάση προς τις τέχνες, για τον πνευματικό τομέα, ένα μονοπάτι μάθησης και σοφίας. Πνεύμα του βουνού, το αρχαίο μονοπάτι του συναντήθηκε με αυτό του θείου. Μαζί, θα είναι σε θέση να λύσουν προβλήματα και να επιτύχουν μεγάλα επιτεύγματα. Ρενάτο, είσαι πάντα απαραίτητος. Με κάθε προτεινόμενη περιπέτεια, ξεχωρίζετε όλο και περισσότερο. Βεατρίκη, αυτή η συνεργασία με το μέντιουμ έχει διαρκέσει πολύ καιρό. Ήταν φίλοι από το γυμνάσιο, ο ένας από αυτούς ήταν πάντα πολύ υποστηρικτικός με τον άλλο. Έτσι, οι τέσσερις από εσάς είστε οι ιδανικοί χαρακτήρες για να συνεχίσετε τη σειρά Μάντης. Πιστέψτε με, τα αποτελέσματα θα είναι υπέροχα.

Θεϊκός

Έχετε ένα καταπληκτικό δώρο, μέλι. Πραγματικά, είμαστε πολύ κοντά. Όλα όσα βιώνουμε είναι ιδιαίτερα σημαντικά και εποικοδομητικά. Χαίρομαι που παρακολουθείτε.

Ιγνάθια

Είναι το λιγότερο που θα μπορούσα να κάνω, φίλε. Είστε καλεσμένοι στο γεύμα που έχω ετοιμάσει.

Ρενάτο

Σε ευχαριστώ πολύ. Όλοι θα λατρέψουμε να δοκιμάσουμε το μπαχαρικό σας.

Μίλησαν για λίγο ακόμα. Λίγο αργότερα, γευμάτισαν και πήγαν μια βόλτα γύρω από το χωριό. Όλα ήταν πολύ γοητευτικά και υποσχέθηκαν νέα. Αργά το απόγευμα, κατευθυνθείτε προς την επόμενη πρόκληση.

Περιήγηση στο Μικρό Τύμπανο, χωριό Καλούμπι

Ο καιρός είναι συννεφιασμένος με μαγνητικούς ανέμους που συνορεύουν με την ταχύτητα των εκατό χιλιομέτρων την ώρα. Ακόμα και στα έντονα καιρικά φαινόμενα, έχουμε μια νέα περιπέτεια που προτείνεται για το ασυναγώνιστο προσωπικό του μάντη.

Βρισκόμαστε στο Μικρό Τύμπανο, στο χωριό Καλούμπι. Είναι ένα μικρό σύμπλεγμα σπιτιών που απλώνεται από τη μία πλευρά στην άλλη κοινό σε οποιοδήποτε χωριό στη βορειοανατολική Βραζιλία. Το κουαρτέτο προχωρά στους δρόμους του χωριού μέχρι να πλησιάσει μια κυρία που καθάριζε στο δρόμο.

Πνεύμα βουνού

Αναζητούμε το μεγάλο τύμπανο, έναν ισχυρό μάγο από το εσωτερικό του Περναμπούκο. Θα μπορούσατε να μας καθοδηγήσετε, κυρία;

Κλάιντε

Ξέρω αυτή την επιβλητική φιγούρα. Ζει δύο τετράγωνα από εδώ. Απλά διπλασιάστε δεξιά δύο φορές και προχωρήστε στο τρίτο σπίτι. Δεν υπάρχει κανένα λάθος.

Πνεύμα βουνού

Σας ευχαριστώ πολύ, αγάπη μου. Παίρνουμε το μήνυμα. Απλά να είστε ειρηνικοί.

Η ομάδα ακολουθεί τις συστάσεις αυτής της γυναίκας. Σε περίπου δεκαπέντε λεπτά, χτυπούν ήδη την πόρτα του σπιτιού που αναφέρεται. Ένας ψηλός, μαύρος, μυώδης άντρας έρχεται να σας δει.

Το μεγάλο τύμπανο

Τι θέλετε, ξένοι;

Θεϊκός

Το όνομά μου είναι Θείο και είμαι ο εκπρόσωπος της ομάδας του μάντη. Έρχομαι να αναζητήσω τον μεγάλο σοφό αυτού του τόπου.

Το μεγάλο τύμπανο

Μιλάς με τον εαυτό του. Αυτή είναι λοιπόν η ομάδα της σειράς ο μάντης, η πιο σημαντική λογοτεχνική σειρά στον κόσμο;

Βεατρίκη

Αλήθεια. Είμαστε οι ταλαντούχοι καλλιτέχνες της σειράς το μέντιουμ. Η μοίρα μας έφερε εδώ. Τι λέτε σε αυτό;

Το μεγάλο τύμπανο

Παρακαλώ μπείτε στο ταπεινό μου σπίτι. Θα είναι μια καλή στιγμή να σας μιλήσω.

Ρενάτο

Μου αρέσει η στάση σας. Μου φαίνεσαι σοβαρός άνθρωπος.

Το μεγάλο τύμπανο

Σας ευχαριστώ πολύ, νεαρός άνδρας. Ας μπούμε μέσα.

Όλοι υπακούον στο αίτημα του οικοδεσπότη. Τι μυστικά κρατούσε αυτός ο άνθρωπος;

Γεύμα με τους σοφούς

Σερβίρετέ μεσημεριανό γεύμα. Ενώ τρώνε, μιλούν αποσπασματικά.

Το μεγάλο τύμπανο

Είμαι μεγάλος φανατικός για τη δουλειά σας. Σε αυτό το μονοπάτι τόσο ξεχωριστό στη λογοτεχνία, δεν θα μπορούσαμε να χάσουμε το χωριό μας. Και σήμερα, είμαστε εδώ, χαμένοι στην ανησυχία του απογεύματος.

Πνεύμα βουνού

Τι βλέπετε για εμάς;

Το μεγάλο τύμπανο

Βλέπω μεγάλη ομαδική δουλειά. Η περιπέτεια των αντίπαλων δυνάμεων μας έδειξε ότι η ισορροπία της δυαδικότητας είναι απαραίτητη για τη δημιουργία. Στο σκοτάδι νύχτα της ψυχής, μαθαίνουμε να ελέγχουμε και να κατανοούμε τη σκοτεινή μας πλευρά. Στο είμαι, μαθαίνουμε να είμαστε ο εαυτός μας, ενάντια σε όποιον κι αν είμαστε. Στον κώδικα του Θεού, αποκαλύπτουμε την αληθινή ιδιότητα του Θεού. Έτσι ακολούθησαν οι περιπέτειες.

Θεϊκός

Τι γίνεται με την ιδιωτική μου διαδρομή;

Το μεγάλο τύμπανο

Βλέπω επιτυχία, αγάπη και ευχαρίστηση με το επάγγελμα. Θα έχετε μια μόνο αγάπη. Θα βρείτε αυτή την αγάπη με τη βοήθεια ενός ατόμου μετά από πολύ καιρό. Αυτό θα συμβεί μετά την περίοδο των σκιών και των διώξεων.

Θεϊκός

Πώς θα συμβεί αυτό;

Το μεγάλο τύμπανο

Ακόμα δεν το βλέπω ακριβώς. Υπάρχουν όμως πολλές δυνατότητες. Το πρώτο ραντεβού με αυτόν τον φίλο μπορεί να είναι σε ένα από τα ταξίδια του, μπορεί να είναι μια ημερομηνία σε ένα εστιατόριο, σε μια παραλία ή ακόμα και σε ένα σούπερ Αγορά. Είμαι σίγουρος ότι η αγάπη θα ανθίσει στην καρδιά σας και θα σας δώσει πολλή ευτυχία.

Βεατρίκη

Καλά πράγματα, ε, φίλε; Είμαι απίστευτα χαρούμενος για σένα.

Ρενάτο

Αξίζετε αυτό και πολλά άλλα.

Θεϊκός

Αυτό επιβεβαιώνει τη διαίσθησή μου. Αλλά είμαι σίγουρος ότι θα χρειαστεί λίγος χρόνος γιατί είμαι ακόμα παγιδευμένος στον σκοτεινό βρόχο.

Πνεύμα βουνού

Πιστέψτε ότι ο μεγάλος Θεός μπορεί να αλλάξει την ιστορία του την κατάλληλη στιγμή. Εν τω μεταξύ, εργαστείτε με τα προσωπικά σας έργα.

Θεϊκός

Αλήθεια. Δεν πρόκειται να χάσω χρόνο. Θα απολαύσω τη ζωή όσο καλύτερα μπορώ.

Όλοι χαίρονται και αγκαλιάζονται. Το φαγητό ήταν πολύ καλό και αφιερώνουν χρόνο για να συνεχίσουν να αλληλοεπιδρούν. Ήταν υπέροχο να μοιράζεσαι εμπειρίες και επιθυμίες. Καλή τύχη στην ομάδα.

Προσέξτε τις λέξεις.

Οι λέξεις έχουν δύναμη και δύναμη. Οι λέξεις είναι τρυφερές, αλλά πονάνε και. Επομένως, προσέξτε τι κάνετε και μιλήστε γιατί μπορεί να έχει σοβαρές συνέπειες για τη ζωή του άλλου.

Συχνά πληγωνόμουν από αγενείς συμπεριφορές και άστοχες λέξεις από άλλους. Μου έχει προκαλέσει ανεπανόρθωτο τραύμα στο μυαλό μου. Αν οι άνθρωποι είχαν μια ιδέα για τη δύναμή του, θα μπορούσαν να ανοίξουν πολέμους ή να διατηρήσουν την ειρήνη.

Φροντίστε τον φίλο σας σαν πατέρας. Βοηθήστε τον να εξελιχθεί και μην τον καταστρέψετε. Να είστε διαφορετικοί από τους άλλους και να κάνετε τη διαφορά. Δεν θα μετανιώσετε που είστε φορέας του καλού.

Μερικές φορές η σιωπή είναι η καλύτερη απάντηση.

Υπάρχουν στιγμές για όλα. Υπάρχουν στιγμές για εργασία και άλλες στιγμές για αναψυχή. Υπάρχουν στιγμές για να ταξιδέψετε και άλλες στιγμές για να προβληματιστείτε. Υπάρχουν στιγμές για να μιλήσετε και άλλες στιγμές για να σιωπήσετε. Μερικές φορές η σιωπή είναι η καλύτερη απάντηση που έχουμε για αυτό που δεν μας αρέσει και για την ταλαιπωρία.

Δεν έχει νόημα να καταπολεμήσουμε τη βία. Δεν αξίζει να διακινδυνεύσετε την ειρήνη σας για όσους δεν το αξίζουν. Δεν αξίζει απλά να εγκαταλείψετε τα όνειρά σας με την ιδιοτροπία των άλλων. Να είστε πάντα ελεύθεροι και αυτόνομοι στις αποφάσεις σας. Με λάθη και επιτυχίες χτίζουμε την ιστορία μας. Ναι, δεν εξαρτάται από κανέναν να μας κρίνει. Μόνο αυτοί που ζουν την ιστορία μας είναι οι ίδιοι, βάζουμε τις δυσκολίες με το σανδάλι της ταπεινοφροσύνης, της συγχώρεσης και της αγάπης. Απλά να είστε ευτυχισμένοι.

Η εμφάνιση είναι πολύ σημαντική σε αυτόν τον κόσμο

Ζούμε καθημερινά την κουλτούρα της ομορφιάς. Βλέπουμε ότι η ομορφιά έχει μεγάλη επιρροή στις πολιτιστικές εκδηλώσεις, στο σχολικό περιβάλλον, στην εργασία, στο σπίτι και οπουδήποτε αλλού.

Ποτέ δεν ήμουν όμορφος άντρας ή έχω μεγάλο. Ίσως αυτός να ήταν ο κύριος λόγος που δεν μπορούσα να βρω σύντροφο. Αλλά εκτός αυτού, ίσως και η οικογενειακή μου κατάσταση να μπήκε στη μέση. Κανείς δεν θα έμπαινε στο δέντρο ενός ορνιθώνα εις βάρος της ειρήνης και της αρμονίας του. Για αυτούς και άλλους λόγους, δεν είχα ποτέ αγάπη. Μέχρι τώρα, πλησιάζω την ηλικία των σαράντα και είμαστε στο έτος 2023.

Ας ενθαρρύνουμε την ανάγνωση και την τέχνη γενικότερα.

Είμαστε στην ψηφιακή εποχή. Όλο και περισσότεροι άνθρωποι συνδέονται με το Διαδίκτυο, τα παιχνίδια, την πορνογραφία, την εικονική εργασία, τον κινηματογράφο μεταξύ άλλων δραστηριοτήτων. Βλέπουμε όμως ότι η ανάγνωση γίνεται λίγο αραιή. Επομένως, δεν πρέπει να παραλείψουμε να εκτιμήσουμε μια όμορφη ανάγνωση. Τα καλά βιβλία μας φέρνουν μεγάλα ψυχικά, πνευματικά οφέλη και ανακαλύπτουμε νέους κόσμους μέσα από αυτά. Επομένως, διαβάστε και ενθαρρύνετε την ανάγνωση.

Κατάταξη σε φεστιβάλ

Υπέστη περισσότερες από διακόσιες απορρίψεις από εκδότες, λογοτεχνικούς πράκτορες και παραγωγούς ταινιών. Έχω φτάσει σε ένα τέλος χωρίς ελπίδα. Αποφάσισα να κάνω το όνειρό μου πραγματικότητα. Φτιάχνω τα μικροσκοπικά οικιακά μου βίντεο. Σήμερα ήρθε ένα ΗΛΕΚΤΡΟΝΙΚΗ ΔΙΕΥΘΥΝΣΗ από ένα φεστιβάλ της Τυνησίας. Πέντε επιλεγμένα έργα. Διαγωνιστικό: 3150 ταινίες από 119 χώρες. Είμαι από τους καλύτερους. που επιλέχθηκαν από το φεστιβάλ. Είναι τόσο καλό το συναίσθημα της νίκης. Την περασμένη εβδομάδα, έλαβα ένα email από τη διευθύντρια ενός φεστιβάλ του Χόλυγουντ που με καλούσε να παρακολουθήσω το φεστιβάλ της. Νομίζω ότι έχω φτάσει κάπου. Ας προχωρήσουμε! Άλλωστε έχω εκδώσει πολλά βιβλία. Ένα σημάδι ότι είμαι πολύ αποφασιστικός. Γι' αυτό λέω, μην εγκαταλείπετε τα όνειρά σας ακόμα κι αν οι άλλοι δεν το πιστεύουν.

Η οικογενειακή μου κατάσταση είναι περίπλοκη. Η μόνη μου ευκαιρία να βρω την αγάπη θα ήταν σε μυστικότητα και σε ξεχωριστά σπίτια. Περίπλοκο, έτσι δεν είναι;

Η μητέρα μου πέθανε τον Σεπτέμβριο του 2020. Μετά από αυτό, έγινα υπεύθυνος για τα έξοδα του σπιτιού μου, υποστηρίζοντας συνολικά τέσσερα άτομα. Ξέρω ότι είναι μια περίπλοκη κατάσταση, αλλά είναι η μόνη δυνατή διέξοδος για όλους. Νιώθω χαρούμενος που μπορώ να βοηθήσω την οικογένειά μου. Σε αντάλλαγμα, έχω την παρέα τους. Ωστόσο, δεν μπορώ να έχω καμία σοβαρή σχέση. Επειδή έχω αυτή την οικονομική υποχρέωση απέναντί τους, δεν αισθάνομαι άνετα να είμαι αφοσιωμένος σε κάποιον άλλο. Τουλάχιστον όχι τώρα. Ίσως να έχω ευκαιρίες στο μέλλον. Ναι, θα παλέψω μέχρι τέλους για να είμαι ευτυχισμένος ερωτευμένος.

Απάντηση στους επικριτές μου

Είμαι αναγνώστης για πάντα. Μέχρι την ηλικία των πέντε ετών, μπορούσε να γράφει και να επικρίνει γράμματα στο σχολείο. Δεν είχα βιβλία. Το πρώτο μου όνειρο ήταν να έχω ένα δικό μου βιβλίο. Αλλά δεν το είχα γιατί δεν είχα χρήματα. Η λύση ήταν να πάμε στα σκουπίδια και να μαζέψουμε τα φθαρμένα αντίγραφα. Θα μπορούσα να πάρω διδακτική και ακόμη και κλασικά. Ανακύκλωσα όλα τα βιβλία. Αφού διάβασα πολύ, το όνειρό μου έγινε γραφή. Αλλά πώς να δημοσιεύσετε; Δεν είχα τύπο μηχανής ή φορητού υπολογιστή. Έγραψα σε πρόχειρα φύλλα που μου έδωσε το σχολείο. Θα μαζευόταν και θα το έβαζε μαζί. Αυτό ήταν το βιβλίο μου. Το πρώτο μου έργο γράφτηκε με βιβλική έρευνα. Οι συμμαθητές μου με κορόιδευαν. Είπαν, δεν έχετε καμία αξία. Δεν είναι δική σας πατρότητα. Το κατάπια στεγνό. Τώρα έχω δημοσιεύσει πολλά έργα. Νομίζω ότι ήταν μια καλή απάντηση για τους κριτικούς. Θα κυκλοφορήσω το πρώτο μου μυθιστόρημα στα βιβλιοπωλεία μετά από 13 χρόνια και δεν ξέρω τι θα γίνει. Το μόνο που ξέρω είναι ότι δεν πρόκειται ποτέ να τα παρατήσω και σας ζητώ να κάνετε το ίδιο. Κάθε βήμα στην πορεία μας είναι μια νίκη.

Ο υπέροχος τρόπος μου στη ζωή

Το όνομά μου είναι Aldivan Torres, είμαι ένας ευγενής μυστικιστής από τη βορειοανατολική Βραζιλία. Γεννημένος αγρότης, έπρεπε να αντιμετωπίσω τις δυσκολίες της ζωής από νεαρή ηλικία. Ήμασταν σε επτά άτομα που ζούσαν με κατώτατο μισθό στη δεκαετία του ογδόντα και του ενενήντα. Ζήσαμε μια επισφαλή ζωή, αλλά δεν πεινούσαμε.

Δόξα τω Θεώ, είχα την ευκαιρία να μελετήσω και να γνωρίσω τη λογοτεχνία μέσα από ένα δημόσιο έργο. Ήταν δύσκολα χρόνια, αλλά έζησα τη ζωή με πολλή ελπίδα και πολλές προοπτικές για το μέλλον. Έζησα, στην εφηβεία μου, μια σκοτεινή νύχτα της ψυχής. Η σκοτεινή νύχτα της ψυχής είναι μια περίοδος που απομακρυνόμαστε από τον Θεό και ζούμε στην αμαρτία. Σε αυτό το στάδιο, έζησα στην έρημο μεγάλες δυνάμεις που με ώθησαν να γνωρίσω το καλό και το κακό. Αυτή η περίοδος ήταν κρίσιμη για να καταλάβω τον ρόλο μου στον κόσμο.

Μεγάλωσα, πήγα στο κολέγιο, πέρασα έναν καλό δημόσιο διαγωνισμό και επέστρεψα πιο σκληρά στη λογοτεχνία. Μετά τη δουλειά, ένιωσα γενναία να συνεχίσω τα όνειρά μου γιατί τώρα είχα μια μικρή ευκαιρία. Αλλά τίποτα δεν φαινόταν απλό. Είχα προβλήματα σχέσεων στις τρεις δουλειές που δούλευα και η λογοτεχνία ήταν η σωτηρία μου γιατί ήταν η προσωπική μου θεραπεία.

Μετά από επτά χρόνια στη νέα δουλειά, έμεινα στην απομακρυσμένη δουλειά. Μου έδωσε περισσότερο θάρρος και χρόνο για να αφοσιωθώ στη λογοτεχνία μου. Τώρα, είμαι στην απομακρυσμένη εργασία για τρία χρόνια και είμαι πολύ ευχαριστημένος. Δεν ξέρω πότε ακριβώς θα πρέπει να επιστρέψω στη δουλειά πρόσωπο με πρόσωπο. Αλλά ενώ είμαι σπίτι, απολαμβάνω κάθε στιγμή.

Είναι το έτος 2023. Έχω εκδώσει τριάντα επτά βιβλία μέχρι στιγμής. Είναι ήδη δεκαέξι χρόνια λογοτεχνικής καριέρας, ανάμεσα στα φύγε. Έγινα συγγραφέας που ειδικεύεται στην αυτοβοήθεια, η οποία λύνει συναισθηματικά ζητήματα. Είμαι πολύ χαρούμενος σε αυτή την αποστολή και ελπίζω να ανταποκριθώ στο ύψος της επιχείρησης. Αφήνω τη μοίρα να με οδηγήσει μέσα από τα ρεύματα των γεγονότων. Όλα με κάνουν να πιστεύω ότι όλα θα πάνε καλά.

Είναι εύκολο να αναγνωρίσετε πιστούς φίλους.

Όταν ήμουν νεότερος, έκανα πολύ λάθος με τις φιλίες στη δουλειά. Εμπιστεύτηκα ανθρώπους που ήταν άχρηστοι. Σε μια περίπτωση, είχα ένα πρόβλημα με έναν συνάδελφο. Είχα δίκιο στην υπόθεση. Αλλά οι άλλοι, αντί να με υποστηρίξουν, τάχθηκαν στο πλευρό του δράστη.

Αυτό το γεγονός μου έχει προκαλέσει μεγάλη απογοήτευση. Απλώς τάχθηκαν στο πλευρό εκείνων που δεν ήταν καλοί. Έτσι, σκέφτηκα ότι δεν ήταν φίλοι μου. Έτσι, διέγραψα τα περισσότερα από αυτά από τα κοινωνικά μου δίκτυα. Ο πραγματικός φίλος είναι αυτός που στέκεται δίπλα μας όλη την ώρα. Ο πραγματικός φίλος σας υποστηρίζει σε καλές και κακές στιγμές. Δεν έχω συναντήσει ποτέ έναν πραγματικό φίλο στη γη. Ο μεγάλος μου φίλος είναι ο Θεός, που δεν με άφησε ποτέ.

Να δίνετε πάντα τον καλύτερό σας εαυτό

Ο χρόνος κυλάει πολύ γρήγορα. Μαζί του έρχονται απρόβλεπτα πράγματα που μας πνίγουν, που μας προειδοποιούν, που μας νουθετούν, που μας καθοδηγούν και μας καθοδηγούν. Με κάθε ένα από αυτά τα πράγματα έρχονται απαιτήσεις που μερικές φορές μας βγάζουν από τον άξονα. Το πραγματικό ζήτημα είναι να αναλύσετε ψύχραιμα την κατάσταση, να σηκώσετε το κεφάλι σας, να προχωρήσετε και να δώσετε τον καλύτερό σας εαυτό σε όλους τους ανθρώπους. Ας μην ακολουθήσουμε κακά παραδείγματα εκδίκησης. Είθε να συγχωρήσουμε εκείνους που μας έχουν κάνει κακό μέσα μας. Είθε να εξελισσόμαστε, να ξεχνάμε το κακό παρελθόν και να γινόμαστε όλο και καλύτεροι. Κάθε νέα μέρα είναι μια νέα ελπίδα για όλους.

Θα υπάρξουν στιγμές αγώνα, αλλά υπάρχει πάντα ελπίδα νίκης

Η ζωή μας είναι μια αλληλουχία προκλήσεων και αγώνων. Πρέπει να είμαστε προετοιμασμένοι να αντιμετωπίσουμε κάθε αντιξοότητα που μας βάζει η ζωή μπροστά μας. Θα υπάρξουν πτώσεις, αποτυχίες, απογοητεύσεις, αλλά και ελπίδα για καλύτερες μέρες. Εμπιστευτείτε, ακολουθήστε τη διαίσθησή σας και κάντε τα επόμενα βήματα.

Πάντα κοιτούσα κάθε πρόβλημα που έχει προκύψει στη ζωή μου. Αντιμετώπισα μικρά και μεγάλα προβλήματα με ένα χαμόγελο στο πρόσωπό μου. Και πάντα υπήρχε λύση σε κάθε εξαιρετικό ζήτημα στη ζωή μου. Σήμερα, αισθάνομαι νικητής σε κάθε περίπτωση της ζωής. Είναι αλήθεια ότι δεν βρήκα μια αγαπημένη ημερομηνία, αλλά έμαθα να έχω τον αυτοσεβασμό μου. Έγινα ο πρωταγωνιστής σε κάθε βήμα που έκανα.

Ακόμα κι αν έκανα λάθος, δεν με ένοιαζε γιατί η ζωή αποτελείται από λάθη, χτυπήματα, νίκες και εμπόδια. Είναι όλα μέρος της μεγάλης ιστορίας που έγραψε ο Θεός για τον καθένα μας.

Το να είστε προσεκτικοί είναι απαραίτητο να αναγνωρίσετε τα σημάδια που τους δίνει το πεπρωμένο. Πρέπει να οδηγήσουμε τον εαυτό μας στη μοίρα. Είναι αυτός που μας φέρνει στο σωστό σημείο κάθε ιδιαίτερου ή καθολικού ζητήματος της ζωής μας. Είναι αυτό που θέλει ο Θεός για μας, στο εσώτατο θέλημα και ουσία του. Παραδώστε λοιπόν τον εαυτό σας σε αυτή τη μεγάλη δύναμη και μην έχετε ποτέ τίποτα.

Ακυρώστε τα ελαττώματά σας και εκτιμήστε τις ιδιότητές σας.

Προσπαθήστε να είστε καλύτερος άνθρωπος κάθε μέρα. Διορθώστε τα λάθη σας, ενισχύστε τις καλές σας πράξεις, εργαστείτε για ευγενείς σκοπούς και ο Θεός θα σας ευλογήσει. Όντας καλός άνθρωπος, θα δρέψετε καρπούς καλοσύνης μέσω του νόμου της επιστροφής.

Ο νόμος της επιστροφής υπάρχει πραγματικά. Ανταμείβει τους καλούς αλλά τιμωρεί τους κακούς. Κανείς δεν φεύγει από αυτόν τον κόσμο χωρίς να πληρώσει πρώτα τα χρέη του. Ένας άλλος αληθινός νόμος είναι ο νόμος της έλξης: Ό,τι θέλετε ο ένας για τον άλλον, επιστρέφετε δύο φορές. Αλλά αν επιθυμείτε το κακό, θα τιμωρηθείτε τριπλά.

Δεν ζεις χωρίς ρίσκο.

Ποτέ δεν ξέρουμε ακριβώς τι πρόκειται να συμβεί. Εξαιτίας αυτού, ζούμε τυφλά στη μέθοδο των προσπαθειών. Πολλά από τα έργα σας δεν πρόκειται να λειτουργήσουν και υπάρχουν άλλα που θα λειτουργήσουν για λίγο και στη συνέχεια θα αποτύχουν. Αλλά ένα πράγμα για το οποίο είμαι σίγουρος: Αν δεν προσπαθήσετε, δεν θα έχει κανένα αποτέλεσμα. Ναι, δεν ωφελεί να αποδίδεις την αποτυχία σου στο θέλημα του Θεού, επειδή δεν είναι αλήθεια. Ήταν οι αποτυχημένες πράξεις σας, ο κακός σχεδιασμός σας που οδήγησε σε αυτό. Δεν ήταν θέλημα Θεού σε καμία στιγμή. Ο Θεός υποστηρίζει το έργο σας σε όλες τις περιπτώσεις. Αλλά η κακή εκτέλεση οδηγεί σε μεγάλες αποτυχίες.

Οι σημερινές ήττες μας προετοιμάζουν για τις αυριανές νίκες.

Κάθε κατάσταση στη ζωή μας είναι σημαντική για την προσωπική μας ωρίμανση. Ειδικά οι αποτυχίες, μας διδάσκουν να είμαστε πιο ταπεινοί, πιο αποτελεσματικοί, να έχουμε μια πιο αναλυτική και πειστική επίγνωση, να είμαστε υπομονετικοί, επίμονοι και ανεκτικοί. Όλα όσα ζούμε σήμερα χτίζουν το μέλλον του αύριο.

Έχω ζήσει υπέροχες στιγμές σε αυτά τα σχεδόν σαράντα χρόνια ζωής. Όλες αυτές οι εμπειρίες μου έδωσαν μεγάλη σοφία της ζωής και με έκαναν ικανό να χτίσω συναισθηματικά κάστρα. Κάθε ένα από αυτά τα συναισθηματικά κάστρα στους διάφορους τομείς της ζωής μου λέει ότι πρέπει να είμαι όλο και πιο αποτελεσματικός σε κάθε ένα από τα έργα μου. Είμαι στον σωστό δρόμο και κάθε μέρα βλέπω ότι έχω σημειώσει σημαντική πρόοδο. Ναι, είναι δυνατόν να αναπτυχθεί εν μέσω πολλών απογοητεύσεων.

Δεν μετανιώνω για τις επιλογές που έχω κάνει. Αν έπρεπε να επιλέξω ξανά, θα το έκανα με τον ίδιο τρόπο. Δεν θα έσβηνα κανένα βάσανο ή νίκη, γιατί αυτό είναι μέρος της ζωής. Με κάθε μία από αυτές τις καταστάσεις, έμαθα να εκτιμώ τον εαυτό μου και να έχω τους σωστούς στόχους στο μυαλό μου. Όλα είναι καλά σε εξέλιξη με τη χάρη του Θεού.

Παρά τις μεγάλες απογοητεύσεις, πιστεύω ότι η ζωή αξίζει τον κόπο.

Ήμουν ένας πολύ άτυχος άνθρωπος, ειδικά ερωτευμένος. Υποθέτω ότι δεν είναι κακή τύχη, το θέμα είναι ότι δεν είμαι μέσα σε αποδεκτά πρότυπα στον κόσμο της αγάπης. Δεδομένου ότι δεν είμαι ελκυστικός, όλοι οι άνθρωποι με απέρριψαν ως πιθανό αγαπημένο ζευγάρι και με λυπήθηκε για μεγάλο χρονικό διάστημα.

Ωστόσο, με την εμπειρία που έχω σήμερα, αισθάνομαι ιδιαίτερα καλά. Είμαι ένας χαρούμενος ανύπαντρος, καλά εγκατεστημένος και εργατικός. Τίποτα δεν με εμποδίζει να είμαι ευτυχισμένος, γιατί έχω μια αίσθηση ευτυχίας μέσα μου. Όταν θέλουμε να είμαστε ευτυχισμένοι, τίποτα δεν μπορεί να μας σταματήσει. Βρήκα στη μοναξιά μου έναν σπουδαίο λόγο να συνεχίσω να αντιστέκομαι. Συνεχίζω να σκέφτομαι την αποστολή μου και βλέπω ότι είμαι στο σωστό δρόμο.

Όλες οι απογοητεύσεις που βίωσα ήταν θεμελιώδεις για να με κάνουν να καταλάβω καλύτερα τον εαυτό μου. Έμαθα να θαυμάζω τις προσπάθειές μου, τα όνειρά μου, τις επιθυμίες μου, τους στόχους μου και τη σχέση μου με τον Θεό. Συνειδητοποίησα ότι δεν μου λείπει τίποτα παρά τα τόσα πολλά εμπόδια. Θα ήταν άδικο για το σύμπαν αν είχα τα πάντα. Δεν χρειάζεται να έχω απολύτως τα πάντα. Στην πραγματικότητα, δεν χρειάζομαι σχεδόν τίποτα για να υπάρχω.

Τίποτα δεν είναι για πάντα.

Η ψευδαίσθηση της αγάπης είναι να πιστεύουμε ότι ο ρομαντισμός θα είναι για πάντα. Απολύτως τίποτα δεν είναι για πάντα, ούτε καν η ζωή μας. Όλα έχουν αρχή, μέση και τέλος. Ζήστε λοιπόν κάθε στιγμή αγάπης σαν να ήταν η τελευταία. Όσο διαρκεί ο έρωτας, απολαύστε στιγμές απόλαυσης, ταξίδια, χαρούμενες διακοπές, συζητήσεις, τέλος, ζήστε τη ζωή όπως πρέπει να τη ζήσετε. Την κατάλληλη στιγμή, όλα αυτά τελείωσαν και θα προσπαθήσετε να ξεκινήσετε από αλλού.

Μην παίζετε με τα συναισθήματα των άλλων ανθρώπων. Σε μια σχέση, να είστε πιστοί και αληθινοί. Γιατί να πούμε ψέματα; Δεν υπάρχει λόγος να πληγώνουμε ο ένας τον άλλον. Όταν είμαστε ειλικρινείς μεταξύ μας, μπορούμε να χτίσουμε μια φιλία μαζί του ακόμα και μετά το τέλος του μυθιστορήματος. Θα είναι στη μνήμη μόνο οι καλές στιγμές που ζήσατε.

Δεν πρέπει ποτέ να εγκαταλείψουμε τη βελτίωση του κόσμου

Ζούμε σε έναν περίπλοκο κόσμο. Έχουμε έναν κόσμο με συνεχώς συμβεβλημένα κακά. Ωστόσο, ας μην σας εμποδίσει να εξελιχθείτε και να αναζητήσετε το καλύτερο για εσάς και τον κόσμο. Αν όλοι σκέφτονται θετικά, μπορούμε να χτίσουμε έναν πιο ευχάριστο πλανήτη για να ζήσουμε.

Η ενότητα κάνει πραγματικά δύναμη. Αν ενωθούμε για τα καλά, τα πράγματα μπορούν πραγματικά να κυλήσουν καλύτερα. Θα υπάρξουν καταστάσεις που θα σας κάνουν να θέλετε να τα παρατήσετε, αλλά ποτέ μην το κάνετε αυτό. Πιστέψτε στις δυνατότητές σας και συνεχίστε με την αποστολή σας. Στο μέλλον, θα δρέψετε τους καρπούς της καλοσύνης του. Ο νόμος της επιστροφής είναι πάντα αποτελεσματικός.

Ενεργήστε όταν είναι απαραίτητο

Είναι στις χειρότερες στιγμές της ζωής μας που χρειαζόμαστε υποστήριξη και καθοδήγηση. Χρειαζόμαστε πραγματικούς φίλους ή συντρόφους για να μας φτιάξουν τη διάθεση, να μας συμβουλεύσουν και να μας αγκαλιάσουν. Αυτή η προνοητική βοήθεια είναι που μας κάνει να πιστεύουμε σε καλύτερες εποχές.

Δεν είχα μεγάλη τύχη με αυτό. Μέχρι εκείνη τη στιγμή, μπορούσα να έχω μόνο την υποστήριξη της οικογένειάς μου. Οι άλλοι ξένοι είναι μακριά μου και νοιάζονται ελάχιστα για μένα. Αλλά τις περισσότερες φορές, έτσι είναι. Ο κόσμος γυρίζει τόσο γρήγορα, που μετά βίας νοιάζεται για εμάς. Πρέπει να κατανοήσουμε και να αποδεχτούμε αυτή την εσωτερική μοναξιά που βιώνουμε.

Είναι απαραίτητο να γνωρίζουμε πώς να κατανοήσουμε τον κόσμο μέσω της παρατήρησης.

Ο κόσμος είναι γιγαντιαίος και περιμένει την παρατήρησή μας συνεχώς: ποτάμια, παραλίες, αγροκτήματα, πόλεις, κωμοπόλεις, χωριά, βουνά μεταξύ άλλων φυσικών φαινομένων. Όταν κατανοούμε τον κόσμο, μπορούμε να κατανοήσουμε καλύτερα τις επιθυμίες και τις ανησυχίες μας.

Όταν λατρεύουμε την ειρήνη, αισθανόμαστε καλές ενέργειες που μας ξεχειλίζουν και μας πλημμυρίζουν συνεχώς. Επομένως, μην συγκρούεστε με κανέναν. Χρησιμοποιήστε υγιή διάλογο για να κάνετε ειρήνη με τους άλλους και να τους βοηθήσετε να εξελιχθούν.

Μην υποτιμάτε τους φτωχούς, τους αδύναμους ή τους άπορους

Πάντα να βοηθάτε εκείνους που το χρειάζονται περισσότερο. Βοηθήστε όλους όσους μπορείτε γιατί αρέσει στον Θεό. Αλλά μην συνεχίζετε να λέτε στους άλλους τις καλές σας πράξεις ή να αισθάνεστε ανώτεροι από τη βοήθεια. Ποτέ δεν ξέρεις ακριβώς ποιο είναι το μέλλον μας και αν πρόκειται να χρειαστείς κάποιου είδους βοήθεια.

Νιώστε ευτυχείς να βοηθήσετε, αλλά κρατήστε πάντα το μυστικό σας. Μην εξευτελίζετε κανέναν έχοντας καλύτερες οικονομικές συνθήκες. Οι ταπεινωμένοι θα υπερυψωθούν, λέει η Αγία Γραφή. Ο νόμος της επιστροφής θα είναι αδυσώπητος εναντίον σας αν διαπράξετε κάποιο είδος αδικίας στους φτωχούς.

Να είστε ανοιχτοί σε νέες καταστάσεις, βελτιώσεις και κατανόηση της επόμενης

Αντιλαμβάνομαι ένα άτομο με ελεύθερο μυαλό αυτό το σύγχρονο άτομο, ανοιχτό σε νέες καταστάσεις, που είναι ανεκτικό, κατανοητό και συγχωρεμένο. Εάν επιτύχετε αυτόν τον βαθμό εξέλιξης, θα είστε έτοιμοι να είστε ευτυχισμένοι και να κάνετε τον σύντροφό σας ευτυχισμένο.

Δυστυχώς, τα μέλη της οικογένειάς μου έχουν κλειστό μυαλό. Είναι οπισθοδρομικοί άνθρωποι, που προσκολλώνται σε προκαταλήψεις και πράγματα του παρελθόντος. Ο κόσμος έχει γυρίσει πολλές φορές και συνεχίζουν να έχουν την ίδια άποψη όπως πάντα. Δεν έχει νόημα να θέλουμε να τα αλλάξουμε. Εγώ, σε αντίθεση με αυτούς, είμαι ένα άτομο που είχε πρόσβαση στον πολιτισμό, σε νέες πολιτικές, πολιτιστικές και φιλοσοφικές εκδηλώσεις. Καταλαβαίνω ότι ο κόσμος είναι πληθυντικός και έχει το δικαίωμα στην ελεύθερη έκφραση. Να είστε λοιπόν σαν εμένα, ένα άτομο που δεν είναι φανατικός θρησκευόμενος ή πολύ λιγότερο προκατειλημμένος. Ζήστε την ποικιλομορφία που υπάρχει στον κόσμο.

Όσο ζω, θα κάνω καλό στους ανθρώπους.

Δεν ξέρω ακριβώς πόσο καιρό θα ζήσω στο πρόσωπο της γης. Αλλά όσο έχω ζωή, σκοπεύω να παραμείνω ο ίδιος καλός άνθρωπος που ήμουν μέχρι σήμερα. Δεν είναι πλέον όπως ζούμε, δεν αξίζει να χρησιμοποιείτε τη ζωή σας για να διαταράξετε, να προκαλέσετε διχόνοια, αμαρτία ή να βλάψετε άλλους.

Η μόνη βεβαιότητα που έχουμε είναι ο θάνατος. Αφού ο θάνατος είναι βέβαιος, γιατί να μην εκμεταλλευτούμε την τρέχουσα στιγμή για να κάνουμε το καλό; Είναι ιδιαίτερα καλό να συμβάλλουμε σε έναν δικαιότερο, πιο έντιμο, πιο ισότιμο, λιγότερο άνισο πλανήτη, με πολλές ευκαιρίες για τους άλλους. Τα λίγα που κάνουμε για τους άλλους κάνουν σημαντική διαφορά ο ένας στη ζωή του άλλου.

Όσο δεν ακούμε τα σωθικά μας, θα παραμείνουμε δυσαρεστημένοι.

Διαλογιζόμενοι και προβληματισμένοι, διαλογιζόμαστε με το εσωτερικό μας και κατανοούμε τις πραγματικές τους ανάγκες. Όταν έχουμε συναισθηματική ισορροπία και γνωριζόμαστε βαθιά, κάνουμε τεράστια άλματα ποιότητας ζωής.

Είχα πάντα μια πολύ ισχυρή διαίσθηση και με καθοδηγεί στις αποφάσεις μου. Σήμερα, είμαι ένας μεταμορφωμένος άνθρωπος γιατί ξέρω ακριβώς τι θέλω και τις μάχες που πρέπει να έχω στη ζωή. Έτσι, κάντε μια εσωτερική ανάλυση των πραγματικών πιθανοτήτων νίκης στη ζωή σας και προχωρήστε.

Ελέγξτε τα έργα σας.

Εάν τα σχέδιά σας δεν λειτούργησαν, ήρθε η ώρα να δείτε τα έργα σας. Βεβαιωθείτε ότι αυτό είναι πραγματικά εφικτό γιατί αν δεν είναι, αλλάξτε καλύτερα τα σχέδιά σας. Ναι, δεν έχει νόημα να επιμένετε για χρόνια σε κάτι που δεν θα είναι καλό για εσάς.

Κάντε μια εσωτερική ανάλυση, ακολουθήστε το καλύτερο μονοπάτι και να είστε ευτυχισμένοι. Ναι, μπορεί να έχουμε μπροστά μας τις καλύτερες ευκαιρίες και δεν βλέπουμε γιατί επιμένουμε σε αποτυχημένα έργα. Στη συνέχεια, κάντε τη διαίσθησή σας να μετράει.

Πριν κατηγορήσετε, σκεφτείτε τις πράξεις σας.

Είμαστε όλοι ελαττωματικοί στις πράξεις μας. Ωστόσο, πολλοί είναι επικριτικοί για τη ζωή άλλων ανθρώπων καθώς έχουν μια τέλεια ζωή. Πολλοί άνθρωποι πιστεύουν ότι είναι ανώτεροι και ιδιοκτήτες της λογικής, ζουν μια ψευδαίσθηση ότι δεν αποτυγχάνουν ποτέ. Ωστόσο, πρέπει να συνδεθείτε με την πραγματικότητα.

Προσπαθήστε να επικρίνετε λιγότερο και να εξελιχθείτε περισσότερο. Προσπαθήστε να φροντίζετε τη ζωή σας και να νοιάζεστε λιγότερο για τον άλλο. Είναι τόσο ωραίο να βλέπεις ο ένας την ευτυχία του άλλου και να σου ευχόμαστε ακόμα περισσότερη ευτυχία. Είναι τόσο ωραίο να βλέπουμε τα όνειρα να γίνονται πραγματικότητα από τους αδελφούς μας. Έτσι, αντί να επικρίνετε, να είστε ένα σημείο υποστήριξης στη ζωή των άλλων.

Όταν κάνετε ένα λάθος, πάρτε το.

Πολλοί άνθρωποι όταν κάνουν λάθη προσποιούνται ότι όλα είναι καλά ή απλά αρνούνται να δεχτούν ότι ήταν η αιτία των προβλημάτων. Ναι, πολύ ήρεμος αυτή τη στιγμή. Αν κάνατε κάποιο λάθος, αυτό είναι απολύτως φυσιολογικό. Δεν θα είναι η πρώτη ή η τελευταία φορά που θα χάσετε.

Όταν κάνω λάθος, παίρνω το σφάλμα και προσπαθώ να το διορθώσω. Η άρνηση του λάθους δεν θα σας φέρει κανένα όφελος. Αντίθετα, θα σας κλειδώσει σε μια ψεύτικη φυλακή και δεν θα θεραπευτείτε ποτέ. Πρέπει να αναγνωρίσετε το σφάλμα, να ξεκινήσετε από την αρχή και να προσπαθήσετε να κάνετε ένα λάθος λιγότερο τις επόμενες φορές. Κάντε το αυτό φυσικά χωρίς πάρα πολλές απαιτήσεις.

Να είστε κατανοητοί με όλους.

Πρέπει να ξέρετε πώς να αντιμετωπίζετε τους ανθρώπους σε κάθε περιβάλλον που πηγαίνουμε. Όπου κι αν πάμε, θα υπάρχουν καλοί και κακοί άνθρωποι. Έτσι, βασικά, θα πρέπει να ασκήσετε την ανοχή σας προς όλους αυτούς.

Μεταξύ αυτών των ανθρώπων, θα υπάρχουν άτομα παρόμοια με φίλους, άτομα παρόμοια με συναδέλφους, άτομα που έχετε στοργή, άτομα που δεν σας αρέσουν ή άτομα που σας μισούν. Κάθε μία από αυτές τις ομάδες σας προκαλεί με διαφορετικές αντιδράσεις. Πράγματι, είναι μια πρόκληση να πρέπει να ζήσουμε με τέτοιες ανταγωνιστικές ομάδες στην καθημερινή μας ζωή.

Είχα πολλές δυσκολίες να ζήσω με άλλους ανθρώπους επειδή ήμουν στην ομάδα GLBT. Σε κάθε ζωτικό χώρο που παρευρισκόμουν, ένιωθα αντίσταση στην παρουσία μου. Ένιωσα επίσης προκαταλήψεις που έρχονταν από παντού. Πόσο λυπηρό να είσαι μέρος μιας διωκόμενης μειονότητας στην κοινωνία. Στην πραγματικότητα, δεν έχουμε κανέναν να εμπιστευτούμε εκτός του οικογενειακού μας κύκλου. Αλλά δόξα τω Θεώ, είμαι καλά. Έχω αναπτύξει τον αυτοσεβασμό μου και έχω μαζί μου την ευτυχία μου.

Διατηρείτε πάντα την ηρεμία σας

Μείνετε πάντα ήρεμοι. Όταν, για κάποιο λόγο, αισθάνεστε θυμό, μίσος ή επιδεινωμένη αγάπη, αναπνεύστε τρεις φορές πριν προβείτε σε οποιαδήποτε ενέργεια. Συχνά παίρνουμε ακραίες συμπεριφορές επειδή είμαστε συναισθηματικά ανεξέλεγκτοι. Συχνά μετανιώνουμε για τη στάση μας, αλλά η ζημιά έχει ήδη γίνει.

Είμαι ένας εξαιρετικά ελεγχόμενος άνθρωπος με τα συναισθήματά μου. Ομολογώ όμως ότι μερικές φορές βγήκα εκτός ελέγχου εξαιτίας της πρόκλησης άλλων ανθρώπων. Έτσι, όσο έχετε συναισθηματικό έλεγχο, είναι πολύ πιθανό να ξεφύγετε από τον έλεγχο σε ορισμένες περιπτώσεις.

Οι περήφανοι άνθρωποι δεν έχουν ποτέ πλήρη επιτυχία.

Η υπερηφάνεια είναι το χειρότερο συναίσθημα που μπορεί να νιώσει ένα άτομο. Εκείνοι που είναι περήφανοι αισθάνονται πάντα ανώτεροι από τους άλλους και δεν σέβονται τους πιο ταπεινούς. Γιατί όμως να νιώθεις έτσι; ο άνθρωπος είναι απλώς ένα σκουλήκι με καθορισμένη διάρκεια ζωής. Όλα τα χρήματα, η ομορφιά, η φήμη που κατέχεις, είναι πίσω σου. Το αληθινό μας πεπρωμένο είναι ο θάνατος. Μετά το θάνατο, τίποτα δεν έχει απομείνει από αυτόν τον κόσμο.

Αν όλοι είχαν συνείδηση θανάτου, θα κάναμε καλύτερα και θα κάναμε λιγότερα λάθη. Θα ήμασταν πιο φιλάνθρωποι, θα ταξιδεύαμε περισσότερο, δεν θα αφήναμε για αύριο αυτό που μπορούμε να κάνουμε σήμερα. Ο θάνατος είναι αναπόφευκτος, αλλά φαίνεται ότι πολλοί δεν το καταλαβαίνουν.

Μάθετε πώς να αναγνωρίζετε τον πιστό σας φίλο.

Προσέξτε τους ψεύτικους φίλους. Μάθετε πώς να αναγνωρίζετε, μέσω στάσεων, ποιος σας αρέσει πραγματικά. Ποτέ μην εμπιστεύεστε εκείνους που δεν γνωρίζετε χαρακτήρα. Όταν το κάνουμε αυτό, έχουμε μεγάλη πιθανότητα να απογοητεύσουμε τον εαυτό μας.

Όλες οι απογοητεύσεις που αντιμετωπίζουμε στη ζωή χρησιμεύουν ως ένα μεγάλο μάθημα. Η αληθινή μας αγάπη είναι από τον Θεό και τους γονείς μας. Εκτός από αυτό, είναι πολύ δύσκολο να έχουμε ένα αληθινό συναίσθημα από την πλευρά του άλλου.

Κανένας σπόρος που κρατάμε ο ένας τον άλλον, δεν ανταποδίδουμε ποτέ με τον ίδιο τρόπο. Επομένως, να είστε απίστευτα προσεκτικοί με ψευδείς προσδοκίες. Είναι καλύτερα να βοηθήσετε χωρίς να περιμένετε τίποτα σε αντάλλαγμα.

Το περπάτημα στο μονοπάτι του καλού είναι η καλύτερη επιλογή.

Ανακαλύψαμε ακριβώς αυτό που φυτέψαμε. Έτσι, αν εργαζόμαστε για το καλό, είμαστε ευλογημένοι σε ό, τι κάνουμε στη ζωή μας. Αλλά αν κάνουμε σκόπιμα κακό, δεν θα έχουμε καλό πεπρωμένο.

Είναι απατηλό να πιστεύουμε ότι οι κακοποιοί έχουν καλό πεπρωμένο. Η συνείδησή μας είναι η πρώτη που μας καταδικάζει. Αν κάνεις κακό, δεν έχεις ούτε λεπτό ειρήνης. Αν κάνεις κακό, μην κάνεις τίποτα καλό. Το πεπρωμένο σας είναι η φωτιά της κόλασης μαζί με τον διάβολο και τους αγγέλους του.

Ταξίδι στην περιοχή αλογόμυγα

Μετά από ένα μήνα προσπάθειας να πάρουμε ένα αυτοκίνητο και έναν οδηγό για να πάμε στην όμορφη περιοχή αλογόμυγα , τελικά τα καταφέραμε. Φύγαμε από το χωριό της ελπίδας και πήραμε την εθνική οδό 232. Με μέτρια κίνηση αυτοκινήτων, κάναμε ένα όμορφο και ήσυχο ταξίδι στον προορισμό.

Περπατούσαμε σε κύκλους με αλογόμυγα μέχρι να πάρουμε τις σωστές πληροφορίες για το πού βρισκόταν το σπίτι της μητρικής μας θείας. Φτάσαμε, χτυπήσαμε την πόρτα, μας καλωσόρισαν και αρχίσαμε να μιλάμε με τους συγγενείς μας. Δύο ώρες αργότερα, τηλεφώνησα στη συγκάτοικό μου στο κολέγιο και ήρθε να με συναντήσει μετά από δέκα χρόνια χωρίς να δει ο ένας τον άλλον.

Ήταν καλές συνομιλίες αυτό το ευλογημένο απόγευμα της Κυριακής. Μετά από αυτό, κάναμε μια γρήγορη περιήγηση στην περιοχή όπου συναντήσαμε την κύρια εκκλησία, την κεντρική πλατεία και το πλέον ανενεργό Λέσχη της χώρας. Βγάζουμε φωτογραφίες και το κρατάμε ως αναμνηστικό. Λίγο αργότερα, φύγαμε με μια ψυχή πλυμένη. Αυτό ήταν το πρώτο μου ταξίδι στο μεταλλαγμένο στα σχεδόν σαράντα χρόνια της ζωής μου. Ίσως μια μέρα να επιστρέψω σε αυτή τη σημαντική συνοικία των σχεδόν δέκα χιλιάδων κατοίκων. Αλλά αυτή τη στιγμή, δεν έχω σχέδια για αυτό.

Κάποιος μπορεί να κλέψει τη δουλειά σας, τον φίλο σας ή τα περιουσιακά σας στοιχεία. Το μόνο πράγμα που μπορεί να σας στερήσει ο καθένας είναι οι σπουδές σας ή οι γνώσεις σας.

Οι σπουδές σας, οι γνώσεις σας και η ευφυΐα σας είναι πλούτη που έχετε κατακτήσει και που δεν θα χάσετε ποτέ σε όλη σας τη ζωή. Στην πραγματικότητα, τα πάντα σε αυτή τη ζωή είναι αβέβαια: μια δουλειά, μια αγάπη, τα χρήματά σας, η εμπιστοσύνη, σχεδόν όλα είναι αβέβαια. Ωστόσο, η επαγγελματική σας ικανότητα και τα προσόντα σας θα σας σώζουν πάντα σε κάθε περίπτωση.

Σπούδασα μέχρι το επίπεδο της ανώτερης εξειδίκευσης, σπούδασα γλώσσες, σπούδασα πληροφορική, ερευνώ την ανθρώπινη ιστορία και ασχολούμαι με τη λογοτεχνία, τη μουσική και τον κινηματογράφο. Όλα τα επιτεύγματά μου παραμένουν μαζί μου όσο περνάει ο καιρός. Επομένως, μην ανησυχείτε για το τι αντιμετωπίζετε στη ζωή. Αναζητήστε τη γνώση και θα σας απελευθερώσει και θα σας σώσει από τις χειρότερες απάτες.

Δεν υπάρχει τελειότητα στη γη. Επομένως, ο μόνος δάσκαλός μας πρέπει να είναι ο Θεός.

Στη ζωή, περνάμε από διάφορες εμπειρίες. Έχουμε περάσει από διάφορους βαθμούς μελέτης, δασκάλους ζωής, συγγενείς συμβούλων και πνευματικούς οδηγούς. Όλα όσα έχουμε περάσει είναι πραγματικά κάτι που πρέπει να ληφθεί υπόψη. Αλλά πρέπει να καταλάβουμε ότι δεν είναι τέλειοι. Επομένως, δεν πρέπει να ακολουθήσουμε τις λανθασμένες συμπεριφορές τους. Πρέπει, αυτή τη στιγμή, να πάρουμε μια βαθιά ανάσα, να διαλογιστούμε και να έχουμε τον σωστό συναισθηματικό έλεγχο. Ασκήστε τη διαίσθησή σας για να καταλάβετε τι απαιτεί ο Θεός από εμάς σε κάθε στάδιο της ζωής μας.

Όλοι έχουμε σημαντικές γνώσεις.

Μην προκαταλαμβάνεστε κανέναν από τους ανθρώπους λόγω του βαθμού γνώσης ή μελέτης τους. Όλοι, από τους αναλφάβητους μέχρι τους γιατρούς, έχουν κάποιες γνώσεις απαραίτητες για τον κόσμο. Επίσης, δεν υπάρχει πολιτισμός λιγότερο σημαντικός από τον άλλο. Όλοι οι πολιτισμοί συμβάλλουν στον βραζιλιάνικο πολιτιστικό πλούτο μας, ο οποίος είναι ένας από τους σημαντικότερους πολιτισμούς στον κόσμο.

Σήμερα, ζούμε στον κόσμο της τεχνολογίας. Βομβαρδιζόμαστε ανά πάσα στιγμή με πληροφορίες και ποικίλες πολιτιστικές εκδηλώσεις μέσω του Διαδικτύου. Όλα αυτά προσθέτουν στις πολιτιστικές μας γνώσεις. Ας στηρίξουμε, λοιπόν, κάθε καλλιτεχνική εκδήλωση και ας απαιτήσουμε δημόσια πολιτική σε σχέση με αυτήν. Είναι απίστευτα λυπηρό να καταλαβαίνουμε ότι ο πολιτισμός στη Βραζιλία ξεχνιέται όλο και περισσότερο και έχει λιγότερη σημασία από ό,τι θα έπρεπε πραγματικά.

Η αρχή του πόνου είναι οι λανθασμένες επιλογές μας.

Μπορεί να μην το συνειδητοποιείτε, αλλά η τωρινή σας ταλαιπωρία είναι το αποτέλεσμα των προηγούμενων λανθασμένων επιλογών σας. Η ζωή είναι μια κυκλική διαδικασία επιστροφής. Χτίζουμε το μέλλον μας στο παρόν και ζούμε το παρόν αντικατοπτρίζοντας τον εαυτό μας σε γεγονότα του παρελθόντος. Ναι, η ακολουθία των γεγονότων μας καθοδηγεί στη ζωή και είναι αναπόφευκτο να υποστούμε τις συνέπειες.

Έτσι, αν θέλετε να αποκομίσετε ευτυχία και επιτυχία, προσπαθήστε για την τρέχουσα δουλειά σας. Τελικά, αυτό που φυτεύετε θα συγκομιστεί, είτε για καλό είτε για κακό. Επομένως, είναι απλό να καταλάβετε ότι είστε αποκλειστικά υπεύθυνοι για το πεπρωμένο σας.

Μην αισθάνεστε ένοχοι για ό, τι δεν είναι στον έλεγχό σας.

Υπάρχουν πράγματα για τα οποία είμαστε εν μέρει ένοχοι, υπάρχουν πράγματα στα οποία δεν έχουμε καμία συμμετοχή και μας κατηγορούν και υπάρχουν πράγματα που συμβαίνουν τυχαία και εξακολουθούν να μας κατηγορούν. Δηλαδή, δεν είμαστε ο κύριος παράγοντας που προκάλεσε την κακουχία. Σε αυτές τις περιπτώσεις, μην αποδεχτείτε ότι σας κατηγορούν. Υπερασπιστείτε την άποψή σας και δείξτε ότι δεν ήσασταν η κύρια αιτία του γεγονότος.

Αυτά τα ζητήματα ενοχής συμβαίνουν στην οικογένεια, στην εργασία και σε κοινωνικές εκδηλώσεις. Πάντα αναζητούν έναν ένοχο για αυτό που είναι αναπόφευκτο. Ωστόσο, στην πρώτη περίπτωση, μπορούμε να βελτιώσουμε ελαφρώς τις ενέργειές μας από την άποψή μας για να αποφύγουμε προβλήματα.

Έχω κριθεί πολύ για τις δουλειές. Οι άλλοι εφηύραν παράλογους κανόνες για να με κατηγορήσουν για τα γεγονότα. Έτσι, έπρεπε να ενδώσω στην εργασιακή πίεση που προερχόταν από το ότι η θέση μου ήταν κατώτερη. Για αυτά και άλλα μειονεκτήματα εργασίας, είμαι βέβαιος ότι η κατοχή μιας δικής σας επιχείρησης είναι η καλύτερη επιλογή σας. Το να είσαι το αφεντικό του εαυτού σου θα σου δώσει περισσότερη ελευθερία από οτιδήποτε άλλο. Ωστόσο, εάν αισθάνεστε ότι η δουλειά σας είναι κάτι πιο σταθερό, μείνετε στη δουλειά.

Μην κρατάτε μνησικακία εναντίον κανενός.

Δεν έχει νόημα να κρατάτε μνησικακία στην καρδιά σας. Ωστόσο, υπάρχουν πραγματικά πράγματα που σημειώνονται στις αναμνήσεις μας και για τα οποία είναι αναπόφευκτο να σκεφτούμε. Σε αυτές τις περιπτώσεις, είναι απαραίτητο να κάνουμε ένα διανοητικό σφάλμα που μας κάνει να ζούμε ελαφρά.

Υπήρχαν πραγματικά πράγματα που με πλήγωσαν στα σχεδόν σαράντα χρόνια της ζωής μου. Τα περισσότερα από τα πράγματα που με πλήγωσαν σχετίζονταν με τις απορρίψεις και τη δουλειά που έχω κάνει καθ' όλη τη διάρκεια της επαγγελματικής μου καριέρας. Αυτά ήταν πράγματα που με σημάδεψαν για πάντα και που δεν περίμενα να βιώσω.

Αλλά επειδή ήταν αναπόφευκτο να το περάσω αυτό, σήμερα παίρνω τα πάντα με δροσερό τρόπο. Σέβομαι τον γείτονά μου, ακόμα κι αν δεν με συμπαθεί. Σέβομαι τον γείτονά μου, ακόμα κι αν είναι δηλωμένος εχθρός μου. Ωστόσο, προσπαθώ να ξεφύγω από αυτό που με πονάει για να αποφύγω περαιτέρω δυσφορία.

Δεν θα έλεγα ότι έχω το κακό όλων όσων έχω υποστεί, αλλά έχω αναμνήσεις που μου δείχνουν ότι δεν μπορώ να εμπιστευτώ τους βασανιστές μου πια. Ακόμα κι αν θέλουν να πλησιάσουν, τίποτα δεν θα είναι όπως πριν. Γι' αυτό και δεν προσεγγίζουν καν. Δεν μιλάω καν με τους περισσότερους. Αφού μπήκα στην απομακρυσμένη εργασία, οι εργασιακές σχέσεις έγιναν απόμακρες και μη ευαίσθητες. Από τη μία πλευρά, που ήταν μια ανακούφιση για μένα. Από την άλλη, μου λείπει η ανθρώπινη ζεστασιά και οι κοινωνικές κατασκευές που έκανα παρακολουθώντας στη δουλειά. Αλλά όπως λέει και η παροιμία, κερδίζουμε από τη μία πλευρά και χάνουμε από την άλλη μέσω των επιλογών μας.

Δεν πληρώνουμε για λάθη της προηγούμενης ζωής.

Κάθε κύκλος ζωής έχει αρχή, μέση και τέλος. Μετά από αυτό έρχεται η τελική κρίση και οι πνευματικές δοκιμασίες. Αν χρειαστεί, θα επιστρέψουμε στη γη μέσω διαδοχικών μετενσαρκώσεων. Αλλά δεν πληρώνουμε για λάθη από άλλες ζωές. Είναι λάθος να αποδίδουμε τα σημερινά μας δεινά λόγω λαθών της προηγούμενης ζωής. Είναι οι ενεργές κυκλικές μας ενέργειες (κάρμα) που προδιαθέτουν την επιτυχία ή την αποτυχία.

Το γεγονός ότι δεν πέτυχα στην αγάπη δεν ήταν το πρόβλημα του κάρμα μου. Υπάρχουν, όπως και εγώ, εκατομμύρια άνθρωποι δυσαρεστημένοι ερωτευμένοι ή απλά ανύπαντροι. Θα έλεγα ότι δεν έχω καταφέρει στην αγάπη για χάρη της προστασίας μου από πιθανές απάτες. Όταν προστατεύουμε τον εαυτό μας, δεν επιτρέπουμε σε κανέναν να μπει στη ζωή μας.

Δεν ξέρω ακριβώς τι μου επιφυλάσσει το μέλλον μου. Αλλά αυτό για το οποίο είμαι σίγουρος είναι ότι θα συνεχίσω να καλλιεργώ την αγάπη του Θεού, την αγάπη για τον εαυτό μου και την αγάπη της οικογένειάς μου. Είμαι απόλυτα ευχαριστημένος με τη ζωή μου, αν και είμαι μόνος. Έχω τη δουλειά μου, έχω τη λογοτεχνία μου, ταξιδεύω, ψωνίζω, τρώω καλά, έχω όμορφα ρούχα και παπούτσια και έχω ιδιαίτερα καλό μυαλό. Η μεγάλη μου συγγραφική θεραπεία με συγκινεί σε εντυπωσιακά αποτελέσματα. Αν δεν ήταν η λογοτεχνία, θα είχα τρελαθεί με τόσες απογοητεύσεις στη ζωή. Ως εκ τούτου, συνιστώ τη γραφή ως τέχνη που πρέπει να αναπτυχθεί παράλληλα με την ψυχολογική θεραπεία.

Μην παγιδευτείτε στους κανόνες, δημιουργήστε τη δική σας ηθική.

Ως πολίτες, πρέπει να τηρούμε γενικούς κανόνες καλής ευθυμίας. Αλλά ως προσωπική συνείδηση, πρέπει να οικοδομήσουμε τους δικούς μας κανόνες. Αν δεν αρέσει στους άλλους, είναι δικό τους πρόβλημα. Αυτό είναι μέρος της ατομικής ελευθερίας του άλλου.

Φροντίζω πάντα να τονίζω την ελεύθερη βούλησή μας και, κατά συνέπεια, την ελευθερία μας. Αν δεν βλάπτουμε κανέναν, θα πρέπει να συνεχίσουμε τη συμπεριφορά μας.

Είχα πάντα μια πολύ καλή ηθική. Πάντα βάζω τον εαυτό μου στη θέση του άλλου και φροντίζω να μην σε πληγώνω. Αλλά οι άλλοι δεν μου το κάνουν αυτό. Οι άλλοι σπάνε το ψυχολογικό μου, πληγώνοντάς με λεκτικά. Η πνευματική εξέλιξη είναι μέσα μου, αλλά δεν είναι στην άλλη. Αυτό προκαλεί μεγάλη εννοιολογική ασυμφωνία.

Σε όλες τις απορρίψεις αγάπης και τις αποτυχίες μου, έχω πληγωθεί πολύ άσχημα. Υπέφερα σε όλες αυτές τις περιπτώσεις και μου πήρε λίγο χρόνο για να συνέλθω. Δεν ήταν εύκολο να αγαπάς κάποιον πραγματικά και να νιώθεις σαν σκουπίδι. Ήταν μια τόσο όμορφη και τόσο πολύτιμη αγάπη. Ωστόσο, τελείωσε με μια απλή απερίσκεπτη πράξη του άλλου. Ωστόσο, η ζωή που ακολουθεί. Αυτό το γεγονός έχει φύγει εδώ και πολύ καιρό.

Μην εκτιμάτε την ομορφιά. Χαρακτήρας τιμής

Όλα τα πράγματα σε αυτόν τον κόσμο είναι φευγαλέα. Όλα όσα χτίζουμε στη γη διαλύονται με το χρόνο. Λοιπόν, ποιο είναι το πραγματικό νόημα της ζωής; Πολλοί άνθρωποι ζουν στη βιασύνη για χρήματα, φήμη και επιτυχία. Αξίζει τον κόπο; Φυσικά, αυτό δεν αξίζει. Πρέπει να εκτιμούμε στους ανθρώπους τις αληθινές αρετές της ψυχής: αγάπη, καλοσύνη, γενναιοδωρία, χαρά, κατανόηση, ανοχή, σεβασμό, συνεργασία, ενότητα, πίστη και ελπίδα.

Υπάρχουν πράγματα που τα χρήματα απλά δεν αγοράζουν. Κανείς δεν αγοράζει φιλία, στοργή, αγάπη και ειλικρινές συναίσθημα. Απλώς ξεπηδά στην καρδιά μας και δείχνει στη στάση μας απέναντι σε ένα άλλο άτομο: μια αγκαλιά, μια στοργή, μια χειραψία, ένα απροσδόκητο δώρο, ένα οικογενειακό γεύμα, ένα ταξίδι, με λίγα λόγια, είναι πολλοί τρόποι για να δείξουμε αγάπη.

Είμαι βέβαιος ότι ο πραγματικός μας πλούτος είναι να έχουμε τον Θεό στο μυαλό μας, να έχουμε αγάπη για τον εαυτό μας και να έχουμε τον σύντροφό μας στο πλευρό μας. Πολλοί άνθρωποι δεν μπορούν να τα έχουν όλα αυτά ταυτόχρονα. Μπορούμε να πούμε ότι αυτές οι ζωές είναι λίγο πιο θλιβερές από τις υπόλοιπες. Ωστόσο, δεν είναι αδύνατο να έχετε μια ήσυχη και ευτυχισμένη ζωή.

Αποδεχτείτε το θάνατο ως την αναπόφευκτη μοίρα όλων μας.

Από τότε που γεννηθήκαμε, ξεκινήσαμε έναν κύκλο που τελικά ήταν ο θάνατος. Στην πραγματικότητα, ο θάνατος είναι η μόνη βεβαιότητα που έχουμε στη ζωή. Όλα τα άλλα πράγματα που σχετίζονται με τη ζωή είναι αβέβαια. Ωστόσο, ο θάνατος περιμένει τους πάντες.

Είναι υγιές να μην σκεφτόμαστε τον θάνατο αφού δεν έχουμε κανέναν έλεγχο πάνω του. Ζήστε κάθε μέρα, κάθε στιγμή, με ευχάριστο τρόπο. Μην κάνετε μεγάλα σχέδια για το μέλλον. Προγραμματίστε τους στόχους σας μέσα σε ένα χρόνο ακόμα κι αν είστε νέοι.

Πιστεύω ότι ο θάνατος είναι η πύλη για έναν καλύτερο και δικαιότερο κόσμο. Είναι η ώρα της κρίσης, όπου όλοι οι άνθρωποι θα κριθούν για τις πράξεις τους. Ο καθένας θα θερίσει ό,τι έχει φυτέψει κατά τη διάρκεια της ζωής του, ούτε λίγο ούτε πολύ. Αναλύστε λοιπόν τις πράξεις σας, βελτιώστε ως άνθρωπος και να είστε ευτυχισμένοι.

Φροντίστε επιμελώς τα παιδιά σας.

Η οικογενειακή εκπαίδευση είναι ένα ιδιαίτερα σημαντικό πράγμα για τα παιδιά να μάθουν και να αναπτυχθούν με καλές αρετές. Είναι υποχρέωση των γονέων να διδάσκουν τα παιδιά τους με τον τρόπο του Θεού, στο δρόμο της ειλικρίνειας και να γνωρίζουν πώς να ενεργούν στην κοινωνία. Όταν μεγαλώνουμε παιδιά που ξέρουν να σκέφτονται, είναι το μέλλον της ανθρωπότητας.

Είχα μια λογική εκπαίδευση. Λέω λογικό γιατί οι γονείς μου ήταν πολύ αυστηροί και συχνά με χτυπούσαν ως μορφή διόρθωσης. Μερικές φορές δεν τους έδινα λόγο να με χτυπήσουν και δεν καταλάβαινα γιατί τιμωρήθηκα. Αλλά πραγματικά με έμαθαν να είμαι καλός άνθρωπος. Το σχολείο με βοήθησε επίσης με το να γίνω ένας άνθρωπος που σέβεται τη διαφορετικότητα και την επιλογή των άλλων.

Χρωστάω τα πάντα στους δασκάλους μου που μου έδειξαν να ξέρω για να μπορέσω να προετοιμαστώ για την αγορά εργασίας. Μεγάλωσα, ενδυνάμωσα τον εαυτό μου και έμαθα να γίνομαι ικανός να δουλεύω. Έχω εγκριθεί σε αρκετούς δημόσιους διαγωνισμούς λόγω της ικανότητάς μου και σήμερα κατέχω δημόσιο αξίωμα, μια δραστηριότητα παράλληλη με τη λογοτεχνία. Όλα αυτά μου έδειξαν ότι οι σπουδές μας και οι γνώσεις μας είναι το μόνο μας εργαλείο για να αναπτυχθούμε, να εξελιχθούμε και να γίνουμε ένας πλήρης άνθρωπος.

Ποτέ μην θέλεις αυτό που δεν σου ανήκει.

Όσο βαρετή, αποτυχημένη ή ταραγμένη κι αν είναι η ζωή σου, δεν ζηλεύεις την επιτυχία των άλλων. Δεν θέλετε να καταστρέψετε τους άλλους για να νιώσετε ευτυχισμένοι. Το έκαναν γιατί το πάλεψαν και φτάνουν στα ανταλλάγματα. Ακολουθήστε το παράδειγμά τους και επίσης εργαστείτε.

Όταν ήμουν νεότερος, ένιωθα λίγο ζήλια για τους συγγενείς που ήταν επιτυχημένοι. Αλλά τότε σκέφτηκα και συνειδητοποίησα ότι δικαιούμαι και έναν τόπο επιτυχίας. Έτσι, πήγα αναζητώντας το πεπρωμένο μου. Πήγα στο κολέγιο, πήγα σε δημόσιους διαγωνισμούς και άρχισα να δουλεύω. Η δουλειά μου δεν ήταν καλύτερη από αυτή τη δουλειά από τον συγγενή μου, αλλά ένιωθα ευτυχισμένη γιατί βρήκα κάτι που ήταν μέσα στην πνευματική μου ικανότητα. Ήταν ένα δικό μου επίτευγμα.

Ως εκ τούτου, η επιτυχία είναι σωστή για όλους όσους αγωνίζονται για αυτήν. Μερικοί έχουν μεγάλες επιτυχίες και άλλες μικρές επιτυχίες. Αλλά ο καθένας, μέσα του, είναι ένα αστέρι με χρήσιμη λειτουργία για την κοινωνία. Ποτέ μην υποτιμάτε το σκάφος σας επειδή βοηθά κάποιον να πάρει κάποιο είδος υπηρεσίας.

Δημιούργησα έναν φανταστικό κόσμο για να νιώθω καλά.

Μετά από πολλές απορρίψεις, είναι φυσιολογικό να καταστράφηκε ο ψυχισμός μου. Έτσι, σήκωσα το κεφάλι μου και προχώρησα. Πιστεύω στις ελπίδες ότι μου έρχεται στο μυαλό μερικές φορές. Αυτό είναι το καύσιμο μου για τα προς το ζην.

Τα μεγάλα μου όνειρα με κάνουν να σηκώνομαι κάθε μέρα. Με κάθε επίτευγμα που παίρνω, νιώθω χαρούμενος. Με την πάροδο του χρόνου, θα πετάξω κάποια πράγματα και θα βάλω άλλα στη θέση τους. Έτσι, θα ζήσω την απλή μου ζωή με μεγάλη ευχαρίστηση. Αυτό που μπορώ να σας πω είναι ότι αξίζει να πιστέψετε στα όνειρά σας. Πιστεύω ότι είμαστε πραγματικά σε θέση να πραγματοποιήσουμε τα όνειρά μας, ακόμα κι αν χρειάζεται πολύς χρόνος για να γίνει πραγματικότητα.

Είμαι χαρούμενος κάθε μέρα που περνάει και δεν ντρέπομαι να είμαι αυτός που είμαι. Έχω μια όμορφη πορεία που ξεκίνησε στον κήπο ως αγρότης και σήμερα έγινα συγγραφέας με σημαντικό λογοτεχνικό έργο. Παρακολουθώ τη ζωή μου με πολλή ελπίδα και νεανική ψυχή. Έτσι, αν έχετε ένα όνειρο, μην το εγκαταλείπετε ποτέ. Είστε ικανοί να επιτύχετε αυτό που πάντα θέλατε.

Άγιος Ραϋμόνδος του Πίναφορτ
Παιδική και εφηβική ηλικία
Κάστρο Πίναφορτ - Βαρκελώνη- Ισπανία

Το κάστρο Πίναφορτ ήταν ένα από τα λαμπερά κάστρα της Βαρκελώνης όπου ζούσαν οι καταβολές των διάσημων κομητών του πρώην ισπανικού στέμματος. Ένα από τα ζευγάρια που σχηματίστηκαν από τη Ζιζέλ καιον Τόμας Πίναφορτ ήταν έτοιμο να δεχτεί την άφιξη του πρώτου τους παιδιού, του Ραϋμόνδος Πίναφορτ.

Μαία

Το αγόρι έρχεται, μαμά. Έχει παλέψει σκληρά για να κάνει το ντεμπούτο του στον κόσμο. Έρχεται όλο και πιο κοντά. Κοιτάξτε, είναι ένα πολύ όμορφο αγόρι.

Θωμάς

Τι υπέροχο αγόρι μπαμπά. Σύντομα αποδεικνύεται ότι είναι νόμιμο μέλος της οικογένειας Πίναφορτ. Είμαι πολύ περήφανος για σένα, γιε μου. Καλώς ήρθες.

Ζιζέλ

Είμαι κι εγώ χαρούμενος, αγάπη μου. Είναι το επιστέγασμα των βραδινών μας συναντήσεων. Έρχεται να ευθυμήσει και να δώσει νέο νόημα στη ζωή μας. Είμαι πολύ ευχαριστημένος μαζί του.

Μαία

Εδώ είναι ο γιος σου. Από εδώ και πέρα, είναι δική σας ευθύνη. Φροντίστε επιμελώς τον, δώστε του μια καλή εκπαίδευση, δώστε μια οικονομική υποστήριξη, τέλος, μετατρέψτε τη ζωή αυτού του μικρού σε κάτι κερδοφόρο για το σύμπαν. Από ό, τι βλέπω, έχετε τα πάντα για να είστε σπουδαίοι γονείς. Καλή τύχη, αγαπημένοι μου.

Ζιζέλ

Εκτιμούμε την υποστήριξή σας και τη βοήθειά σας. Είστε αναπόσπαστο κομμάτι αυτού του ονείρου. Θα ξεκουραστώ και θα είμαι καλά σύντομα. Πρέπει να είμαι έτοιμος να αντιμετωπίσω αυτή τη νέα κατάσταση στη ζωή μου. Δεν θα είναι εύκολο, αλλά θα είναι κερδοφόρο. Σας ευχαριστώ όλους πάρα πολύ.

Η τριάδα επικροτεί την πρωτοβουλία της μητέρας μου. Δύο ώρες αργότερα, ήταν έτοιμοι να πάνε σπίτι τους. Ήταν μια νέα αρχή αγάπης για εκείνο το αριστοκρατικό ζευγάρι. Ιδιαίτερα καλή τύχη σε αυτούς.

Πέντε χρόνια μετά

Πέρασαν πέντε χρόνια χωρίς πολλά νέα. Το αγόρι, ήδη πέντε ετών, θα άρχιζε να πηγαίνει σχολείο για να ξεκινήσει τις βασικές του σπουδές, φιλοσοφία και νομική. Το όνειρό του ήταν να γίνει ένας σπουδαίος δικηγόρος.

Έτσι κατευθύνθηκε στην πρώτη μέρα του σχολείου σε ένα τοπικό σχολείο. Παρέα με τους γονείς του, αντιμετώπισε κάποιες αντιξοότητες στην άμαξα μέχρι που έφτασε στο μεγάλο σχολικό κτίριο Πίναφορτ.

Υπήρξε μια πρώτη στιγμή καλωσορίσματος από όλους. Στη συνέχεια οι γονείς έφυγαν και άφησαν το μικρό αγόρι μέσα στην τάξη με άλλους συμμαθητές. Ο/η εκπαιδευτικός πήρε το λόγο:

Δάσκαλος

Καλώς ήρθατε στο γραφείο μου, μικροί μου ήρωες. Είμαι η καθηγήτρια Ελένη. Θα συνεργαστώ μαζί σας αυτή τη σχολική χρονιά με πολλή αγάπη, αφοσίωση και δέσμευση. Περιμένω το ίδιο πράγμα από εσάς. Εκτός από την επαγγελματική σχέση, θα ήθελα να έχω και μια φιλική επαφή με όλους εσάς. Είναι ιδιαίτερα καλό που εργάζεστε σε ένα χώρο αρμονίας και ανταλλαγής γνώσεων.

Ραϋμόνδος

Θα κάνω ό,τι καλύτερο μπορώ, κύριε καθηγητά. Θα ήθελα να γίνω ένας μεγάλος Δάσκαλος φιλοσοφίας και δικαίου. Για αυτό, μπορώ να γράψω και να διαβάσω πολλά βιβλία σχετικά με αυτό το θέμα. Έχω επίσης ιδιαίτερη προσοχή στο θέμα της θρησκευτικότητας, το οποίο με ενδιαφέρει πολύ, εμπνέει και είναι ενδιαφέρον.

Δάσκαλος

Εντάξει, αγαπητέ μαθητή. Χαίρομαι που προσπαθείτε τόσο σκληρά. Θα κάνω τα πάντα για να σας βοηθήσω σε αυτό το μονοπάτι της γνώσης. Σε μένα, θα έχετε έναν σπουδαίο συνεργάτη. Λατρεύω αυτά τα θέματα.

Όσο για τους άλλους, μπορούν επίσης να είναι άνετοι. Κατά τη διάρκεια της σχολικής μας χρονιάς, θα έχουμε την ευκαιρία να δούμε αρκετά θέματα πλούσιας σημασίας. Υπόσχομαι να σας δώσω το καλύτερο από μένα.

Μαθητής

Εντάξει, κύριε καθηγητά. Έτσι πάντα ονειρευόμαστε και επιθυμούμε.

Όλοι χειροκροτούν και αρχίζει το εναρκτήριο μάθημα. Υπήρχε ένα μείγμα νευρικότητας και άγχους σε όλους, αλλά αυτό σύντομα ξεπεράστηκε. Σε ένα αισθητά σύντομο χρονικό διάστημα ευθυμίας, ήταν ήδη καλά συνυφασμένα. Ξεκίνησε ένα μεγάλο ταξίδι γνώσης που θα ήταν επωφελές για όλους. Συγχαρητήρια σε όλους όσους συμμετείχαν σε αυτό το έργο.

Λίγο αργότερα

Ο Ραϋμόνδος έγινε ένας απίστευτα νέος μελετητής. Καθ' 'όλη τη διάρκεια της σχολικής του σταδιοδρομίας, ήταν αφοσιωμένος στην απόκτηση γνώσεων. Στη συνέχεια, με πολλή μάχη, είχε την επιτυχία που του άξιζε. Αποφοίτησε από διδάκτωρ Θεολογίας και Φιλοσοφίας. Έπιασε δουλειά στη Βαρκελώνη και μετακόμισε εκεί.

Άρχισε να εργάζεται θρησκευτικά και εκπαιδευτικά στη Βαρκελώνη. Είχε πολλές επιτυχίες και οπαδούς. Λόγω ενός μικρού προβλήματος, μετακόμισε ξανά. Πήγε να ασκήσει τη διακονία του Χριστού στην πόλη μπολόνια της Ιταλίας. Πέρασε περισσότερα από δέκα χρόνια υπηρετώντας τον Χριστό.

Είχε μια ιδιαίτερη δουλειά να προσηλυτίζει τις σκλαβωμένες μειονότητες στον Χριστιανισμό. Το ποιμαντικό του έργο είναι αποτελεσματικό και διάσημο στην Ευρώπη. Έζησε όλη του τη ζωή για τον Χριστό και στη σημερινή εποχή θεωρείται ένας από τους αγίους της Καθολικής Εκκλησίας.

Σχετικά με την κληρονομιά περιουσίας μετά θάνατον

Φροντίστε τον ηλικιωμένο συγγενή σας με μεγάλη αφοσίωση, στοργή, στοργή και διαθεσιμότητα. Μην το κάνετε αυτό για να κρατήσετε την κληρονομιά σας. Αυτό είναι άκρως ανήθικο. Κάνε το καλό χωρίς να περιμένεις αντίποινα γιατί αυτό είναι που ευχαριστεί τον Θεό.

Οι γονείς μου δεν άφησαν καμία κληρονομιά σε μετρητά. Αυτό που άφησαν ήταν το μικρό αγρόκτημα στο οποίο κατοικούσαμε. Είμαι ευγνώμων για τη δουλειά των γονιών μου. Χωρίς τη δουλειά τους, δεν θα είχα καν ένα μέρος για να ζήσω. Οι γονείς μου μου άφησαν το καλύτερο πράγμα που θα μπορούσαν να αφήσουν: σπουδές και το παράδειγμά τους.

Ακόμα δεν καταλαβαίνω μέχρι σήμερα πώς ήμουν ο μόνος άνθρωπος που απελευθερώθηκε από τις αγροτικές εργασίες. Δούλευα στο αγρόκτημα μέχρι τα δέκα μου. Μετά από αυτό, ο πατέρας μου μου επέτρεψε να παρακολουθήσω μόνο σχολικές σπουδές. Δόξα τω Θεώ όλα λειτούργησαν. Τελείωσα το κολέγιο, έπιασα δημόσια δουλειά και είμαι διαβόητος συγγραφέας. Όλα τα επιτεύγματά μου τα οφείλω στην προσωπική μου προσπάθεια και στον καλό μου Θεό που πάντα με φώτιζε.

Δεν ξέρω ακριβώς πώς θα είναι το μέλλον μου. Αλλά η θέλησή μου είναι να παραμείνω στο χωριό της ελπίδας, μαζί με τους συγγενείς μου. Εδώ ζω μια απλή ζωή χωρίς πολλές επιστασίες. Γι' αυτό λέω ότι δεν χρειάζομαι πολλά για να ζήσω. Είμαι ένας απλός άνθρωπος από τη φύση μου και ξέρω ότι αυτό που με περιμένει είναι ένα μεγάλο μέλλον και γεμάτο ευτυχία.

Οφείλω όλη μου την επιτυχία στους αναγνώστες μου.

Αγαπώ αυτό που αντιπροσωπεύει η λογοτεχνία στη ζωή μου. Το γράψιμο για μένα είναι μια μεγάλη γέφυρα επικοινωνίας για χιλιάδες ανθρώπους που διαβάζουν τα γραπτά μου. Είναι πολύ ευχάριστο να γνωρίζω ότι οι άνθρωποι διαβάζουν αυτά που γράφω και με υποστηρίζουν αγοράζοντας τα βιβλία μου. Αυτό ενισχύει όλο και περισσότερο την τέχνη όπου η γραφή μπορεί πραγματικά να θεωρηθεί έργο.

Αλλά ακόμα κι αν δεν είχα απαντήσεις από την άλλη πλευρά, θα συνέχιζα το γράψιμο. Η σχέση μου με το γράψιμο ξεκίνησε με ένα ιατρικό και ψυχολογικό πρόβλημα. Το γράψιμο τότε ήταν μια υπέροχη διέξοδος, ώστε να μπορέσω να εκτονώσω τα προβλήματά μου. Αυτό είχε μεγάλη ενεργητική επίδραση στο μυαλό μου. Έχω βελτιώσει την υγεία μου και σήμερα είμαι πολύ καλύτερα. Έτσι, είμαι πολύ ευγνώμων που η λογοτεχνία θα μου δώσει αυτή την ασφάλεια να μπορέσω να βρω σε αυτήν έναν πολύτιμο φίλο που είναι πάντα πρόθυμος να ακούσει τι έχω να πω.

Ο σεβασμός μου για τη μαύρη φυλή

Αγαπώ όλα τα είδη φυλών που υπάρχουν στη γη, συμπεριλαμβανομένων των ζώων. Βιώνω σεβασμό για κάθε είδους πολιτισμό, φυλή, εθνικότητα ή επιλογή. Έτσι, βλέπω ότι παρά τους αιώνες διώξεων, πολλοί μαύροι ξεχωρίζουν σε όλο τον κόσμο. Σήμερα, βλέπουμε τους μαύρους να λάμπουν στην πολιτική, τον αθλητισμό, την τηλεόραση, τον κινηματογράφο, τα επαγγέλματα, το σχολείο, εν ολίγοις, η ανισότητα έχει μειωθεί λίγο, αλλά η προκατάληψη παραμένει.

Όντας αυτό το άτομο με τόσο ανοιχτό μυαλό, αισθάνομαι ένα καλωσόρισμα και την έγκριση των ανώτερων πνευμάτων. Όπου κι αν πάω, νιώθω ότι ο Θεός με αγαπά και με προστατεύει με μοναδικό τρόπο. Ως εκ τούτου, σας ζητώ να μην διώκετε τις μειονότητες. Ας ζήσουν όλοι ειρηνικά.

Ο φόβος είναι ο μεγάλος κακός των αποτυχιών μας.

Ο φόβος είναι ένα τρομερό θηρίο, το οποίο μας φυλακίζει σε έναν κόσμο χώρια, όπου δεν είμαστε ικανοί για τίποτα. Αλλά έχετε τη δυνατότητα. Είστε σε θέση να αντιμετωπίσετε και να βρείτε λύση σε οτιδήποτε. Απλά να έχετε στάση και θάρρος για να μειώσετε τον φόβο. Πιστέψτε με, τίποτα δεν είναι σε θέση να σταματήσει την επιτυχία σας εάν είστε πρόθυμοι να αλλάξετε.

Ήμουν πάντα ένας φοβισμένος νέος. Φοβόμουν να αντιμετωπίσω τον κόσμο, φοβόμουν τους δαίμονες, φοβόμουν τον πατέρα μου και τη μητέρα μου και ακόμα φοβάμαι τον αδελφό μου. Όλα αυτά επειδή είναι ανώτερα από μένα και δεν ήθελα να τα αντικρούσω. Στην πραγματικότητα, υπάρχουν υπερβολικά περίπλοκες οικογενειακές υποθέσεις.

Υπάρχουν καταστάσεις που μας παγιδεύουν με τρόπο που δεν μπορούμε να ξεφύγουμε. Αλλά αν είστε ήδη ελεύθεροι, δεν χρειάζεται να φοβάστε. Να έχετε τη διάθεση να συνεχίσετε με τα όνειρά σας. Ναι, όλα είναι δυνατά για αυτόν που αγωνίζεται, αγωνίζεται και επιμένει. Σας εύχομαι καλή επιτυχία. Πάντα να πιστεύετε στα όνειρά σας.

Δώστε στον εαυτό σας το δικαίωμα να σφάλλει.

Δεν θέλετε να είστε το τέλειο άτομο για να ευχαριστήσετε κανέναν. Αυτό είναι εντελώς άχρηστο. Ανεξάρτητα από το πόσο σκληρά προσπαθείτε, πάντα θα υπάρχει κάποιος που δεν σας αρέσει για κανένα λόγο. Στη συνέχεια, ζήστε τη ζωή σας για να ευχαριστήσετε εσάς και όχι τους άλλους.

Πάντα έπρεπε να κάνω έναν χαρακτήρα μπροστά σε όλους. Επειδή οι άλλοι δεν αποδέχονταν τη σεξουαλικότητά μου, έπρεπε να υποταχθώ στη θέλησή τους. Αυτό συνέβη επειδή γεννήθηκα σε μια πολύ παραδοσιακή οικογένεια. Είμαι σχεδόν σαράντα χρονών και ακόμα δεν έχω την πλήρη ελευθερία μου.

Ζω με τρία αδέρφια που σκέφτονται διαφορετικά από μένα. Έτσι, δεν αισθάνομαι ελεύθερος να δεχτώ επισκέπτες στο σπίτι μου. Από την άλλη, η παρέα τους είναι σημαντική, ώστε να μην αισθάνομαι μόνος σε δύσκολες στιγμές. Πιστεύω ότι αυτό είναι μέρος του πεπρωμένου μου στη γη. Πρέπει να φροντίσω τα αδέλφια μου γιατί η μητέρα μου έχει πεθάνει.

Αφήστε τον εαυτό σας να παρασυρθεί από τη ροή της ζωής.

Υπάρχουν καταστάσεις στη ζωή που δεν μπορούν να πολεμήσουν. Το κολύμπι ενάντια στο ρεύμα είναι μια κακή συμβουλή όταν το ρεύμα είναι πολύ ισχυρό. Έτσι, η καλύτερη απόφαση είναι να αφήσετε τον εαυτό σας να παρασυρθεί από το ρεύμα της μοίρας. Η μοίρα είναι μια ισχυρή δύναμη που θα σας οδηγήσει στο σωστό μέρος την κατάλληλη στιγμή.

Η ζωή μου σημαδεύτηκε από μεγάλες ανατροπές. Έχω εργαστεί σε πολλές δημόσιες δουλειές, έχω υπάρξει συγγραφέας, σκηνοθέτης και συνθέτης και τώρα έχω γίνει επαγγελματίας συγγραφέας. Παρόλο που έχω συχνά εγκαταλείψει τη λογοτεχνία, το πεπρωμένο μου ως συγγραφέας έχει μιλήσει πιο δυνατά και εδώ, γράφω υπέροχα κείμενα για εσάς.

Ενώ η μοίρα μπορεί να σας εμπνεύσει στη ζωή, η καλύτερη απόφαση που μπορείτε να πάρετε είναι να κάνετε τις σωστές επιλογές. Συνεχίστε να βιώνετε τις διάφορες καταστάσεις και συνειδητοποιήστε τι ταιριάζει καλύτερα στη ζωή σας. Όταν γνωρίζουμε τις δυνατότητές μας, όλα γίνονται πιο εύκολο να συμβούν.

Η μοναξιά διδάσκει επίσης πολλά σημαντικά πράγματα.

Μαθαίνουμε στη συνύπαρξη και τη μοναξιά. Ειδικά στο τελευταίο, έχουμε την ευκαιρία να σκεφτούμε όλα όσα περιβάλλουν τη ζωή μας. Η μοναξιά αν και μερικές φορές πληγώνεται είναι μια φανταστική ευκαιρία να γνωρίσουμε τον εαυτό μας μέσω συνεχούς διαλογισμού.

Πάντα ήμουν μόνος μου. Αυτή η κατάσταση μου έδειξε τη σημασία της εκτίμησης του εαυτού μου, ενώ άλλοι με κλώτσησαν. Καθώς οι άλλοι με απέρριπταν, αγαπούσα τον εαυτό μου όλο και περισσότερο και μελετούσα βαθιά τις ανθρώπινες σχέσεις. Σε αυτό το ταξίδι της γνώσης, είδα το βάθος και την αποδοχή της θεϊκής αγάπης στη ζωή μας. Αξίζει πολύ να εμπιστευόμαστε τον Θεό, γιατί ποτέ δεν μας λείπει όταν τον χρειαζόμαστε.

Δεν ξέρω ακριβώς πώς θα είναι η ζωή μου σε δέκα, είκοσι, τριάντα, σαράντα ή πενήντα χρόνια. Αλλά δεν με ενδιαφέρει καν αυτό. Ζω την τρέχουσα στιγμή, με πολλή αγάπη, αφοσίωση, δέσμευση, δουλειά, θάρρος και πίστη. Ξέρω ότι με τον ένα ή τον άλλο τρόπο, δεν πρόκειται να το χάσω.

Να είστε ευτυχισμένοι σε κάθε περίπτωση.

Κάθε νέα ζωντανή αυγή είναι μια αιτία απεριόριστης χαράς και ευτυχίας. Καθώς βλέπουμε τον ήλιο του Θεού, ξεχνάμε τα μεγάλα προβλήματα που μας ταλαιπωρούν και αισθανόμαστε ανανεωμένοι για να συνεχίσουμε το έργο μας. Το να είσαι ευτυχισμένος είναι θέμα επιλογής, ακόμη και μπροστά σε μεγάλες προκλήσεις.

Ναι, η ζωή με έχει προκαλέσει αμέτρητες φορές. Είχα κάθε λόγο να είμαι δυστυχισμένος επειδή βίωσα πάνω από δέκα χιλιάδες απορρίψεις αγάπης. Ωστόσο, χαμογέλασα ξανά και πίστεψα στον εαυτό μου. Όταν έχουμε ευτυχία μέσα μας, τίποτα δεν μπορεί να μας ταρακουνήσει.

Ανοίξτε λοιπόν ένα ωραίο χαμόγελο. Πείτε όχι στις αδυναμίες και προσπαθήστε ξανά. Θα υπάρχει πάντα η ευκαιρία να έχετε νέες προκλήσεις, περιπέτειες, έρωτες, επιτεύγματα και επιτεύγματα. Η ζωή πρέπει να τη ζεις έντονα.

Η αγάπη είναι μια μεγάλη πνευματική μάθηση.

Η αγάπη είναι το πιο όμορφο συναίσθημα που υπάρχει. Είναι κάτι που υπερβαίνει το λογικό, είναι κάτι που μας αγγίζει βαθιά. Όταν αγαπάς κάποιον, είναι σαν να παραδίδουμε χωρίς φόβο, ντροπή ή οποιοδήποτε άλλο εμπόδιο.

Μου άρεσε αρκετές φορές κατά τη διάρκεια αυτών των σαράντα ετών. Δεν έχω ανταποδοθεί ποτέ σε καμία από τις ερωτικές καταστάσεις που έχω βιώσει. Γι' αυτό λέγεται ότι ο πόνος της αγάπης είναι βαθύς. Όταν δεν μας ταιριάζουν με τον ίδιο τρόπο, ανοίγει μεγάλες συναισθηματικές πληγές που χρειάζονται χρόνο για να επουλωθούν.

Είναι άχρηστο να πούμε ότι πρέπει να είμαστε προσεκτικοί με αγάπη επειδή κινούμαστε από ανεξέλεγκτα συναισθήματα. Όταν αγαπάμε πραγματικά, ξεπερνάμε τον τραγικό φόβο της τρέλας. Ίσως η αγάπη λειτουργεί για μερικούς ανθρώπους, αλλά δεν είναι πάντα όπως φανταζόμαστε. Το να βρούμε την αγάπη με τον ίδιο τρόπο που αγαπάμε είναι πιο δύσκολο από το να κερδίσουμε το λαχείο.

Η αγάπη δεν είναι πάντα μια ακριβής επιστήμη. Ίσως η αγάπη είναι κοντά στις ανθρωπιστικές επιστήμες που σχετίζονται με ψυχολογικές, διανοητικές και φυσικές πτυχές. Κάθε απόπειρα αγάπης είναι μια μεγάλη βολή στο σκοτάδι. Στην αγάπη, καθώς εκπληρώνουμε τις προσδοκίες μας, βρισκόμαστε σε ένα αβέβαιο γεγονός που μπορεί συχνά να είναι τραγικό. Επομένως, να είστε προσεκτικοί όταν σχετίζεστε.

Η καθαρή συνείδηση είναι ανεκτίμητη.

Ενεργήστε με ειλικρίνεια. Εάν σκοντάψετε, διορθώστε το λάθος σας, σηκώστε το κεφάλι σας και προσπαθήστε ξανά. Η καθαρή συνείδηση είναι ανεκτίμητη. Ο ύπνος και το ξύπνημα καλά είναι ένα μεγάλο δώρο.

Δόξα τω Θεώ, στην πορεία μου σχεδόν σαράντα χρόνια, έχω μια απίστευτα ήσυχη συνείδηση. Αν και είναι αλήθεια ότι έχω αμαρτία, ειλικρινά μετάνιωσα για τα λάθη μου, τα διόρθωσα και ξεκίνησα ουσιαστικά από το μηδέν. Συγχωρέθηκα για τις αμαρτίες μου επειδή μετανόησα και συγχωρέσα τον πλησίον μου. Αυτό ακριβώς είναι γραμμένο στις προσευχές που προσευχόμαστε καθημερινά.

Η εμπιστοσύνη στους άλλους είναι ένας μεγάλος κίνδυνος.

Θα ήταν ωραίο αν μπορούσαμε να εμπιστευτούμε τους ανθρώπους, ειδικά εκείνους που θαυμάζουμε και αγαπάμε. Αλλά δεν είναι πάντα δυνατό. Όταν καταστρεφόμαστε από τις συμπεριφορές των άλλων, χάνουμε την ικανότητα να εμπιστευόμαστε οποιονδήποτε. Το κάνουμε αυτό ως ένας τρόπος για να προστατεύσουμε τον εαυτό μας.

Έτσι, εμπιστευτείτε λιγότερο και ενεργήστε περισσότερο. Έχετε εμπιστοσύνη στον Θεό και στον εαυτό σας. Συνεχίστε να εργάζεστε με αφοσίωση στα έργα σας και η επιτυχία θα δοθεί. Έχουμε έναν μεγάλο πατέρα στους ουρανούς που μας αγαπά άνευ όρων. Να είστε λοιπόν χαρούμενοι και ευγνώμονες για τις ευλογίες του Θεού.

Ποτέ μην αφήσετε την πίστη σας να τελειώσει

Η πίστη είναι μια μικρή λέξη, αλλά εξαιρετικά ισχυρή. Η πίστη είναι αυτό που μας στηρίζει στις δύσκολες και σκοτεινές στιγμές της ζωής. Και μερικές φορές η ζωή περιπλέκεται τόσο πολύ από πράγματα που είναι εκτός του ελέγχου μας.

Η ζωή, παρά το γεγονός ότι είναι όμορφη και γοητευτική, έχει πολλές καθημερινές προκλήσεις. Εάν δεν είμαστε προσεκτικοί, γεμίζουμε το μυαλό μας με αδικαιολόγητες ανησυχίες που μπορούν να μας οδηγήσουν σε μεγάλη θλίψη ή ακόμα και σοβαρή κατάθλιψη.

Προσπαθήστε να μην σκεφτείτε τα προβλήματα. Βγείτε έξω για λίγο, μιλήστε με κάποιον ή ταξιδέψτε. Το μυαλό μας χρειάζεται καταστάσεις που οδηγούν στην άνεση. Πρέπει να αναπνεύσουμε μπροστά σε μεγάλες καταστροφές. Αλλά μην ανησυχείτε γη 'αυτό. Όλα θα λειτουργήσουν κάποια στιγμή στη ζωή σας.

Ό,τι έχεις από σένα συμβαίνει.

Στον τρόπο ζωής, έχουμε απώλειες και κέρδη. Και οι απώλειές μας συχνά μας λυπούν. Είναι ακριβώς οι κακές επιλογές μας που μας οδηγούν σε δραματικές απώλειες. Αλλά λοιπόν, τι; Ό, τι πρέπει να είναι δικό σας, θα έρθει σε εσάς κάποια στιγμή. Επομένως, μην πονάτε για πολύ καιρό.

Είχα κακές επιλογές και καλές επιλογές. Όλα με έκαναν να μάθω να έχω το δικό μου δικαίωμα να κάνω ένα λάθος ή να το διορθώσω. Είναι αυτή η συστημική ισορροπία της ζωής που αποκαλύπτει αν ήμασταν στη σωστή πλευρά. Αλλά μην ανησυχείτε γη 'αυτό. Υπάρχουν πάντα και άλλες ευκαιρίες μετά από μια σειρά λαθών.

Κάντε για τον εαυτό σας αυτό που θέλετε για τον κόσμο.

Ο κόσμος έχει μεγάλα οικονομικά, διαρθρωτικά και κοινωνικά προβλήματα και ανισότητες. Απλά κανείς δεν μπορεί να λύσει τα προβλήματα του κόσμου μόνος του. Έτσι, δεν καλύπτετε τον εαυτό σας ούτε κατηγορείτε τον εαυτό σας που δεν άλλαξε τον κόσμο.

Κάντε τουλάχιστον για τον εαυτό σας και τους γύρω σας. Η μικρή σας ενέργεια θα αλλάξει το κοντινό σας περιβάλλον. Εάν όλοι σκέφτονται όπως εσείς, θα υπάρξουν νέες ενέργειες στον κόσμο και αυτό θα έχει θετικό αντίκτυπο. Είναι όπως λέει το παλιό ρητό: η ένωση μικρών δράσεων μπορεί να παράγει εντυπωσιακά αποτελέσματα.

Ποτέ μην προσπαθείτε να βλάψετε τον άλλο.

Αυτό που δεν θέλετε για τον εαυτό σας, μην το κάνετε για τον άλλο. Αυτή είναι αναμφίβολα μια μεγάλη εντολή που μας έχει αφήσει ο Ιησούς. Σε αυτή τη λογική, αν θέλω κάτι καλό, στέλνω και θετικές ενέργειες στον γείτονά μου για να πραγματοποιήσει τα όνειρά του. Όσο περισσότερο κάνω και επιθυμώ το καλό, τόσο περισσότερο προσελκύω καλά πράγματα στον εαυτό μου.

Μπορούμε να ξεπεράσουμε τις μεγάλες καταιγίδες της ζωής μας με νοημοσύνη.

Μην ξεθωριάζετε. Όταν η απελπισία πέφτει ανάμεσά μας, τείνουμε να παραπαίουμε. Αλλά δεν είναι αυτό που θέλει ο Θεός για εμάς. Δεν θα επιτρέψετε ποτέ την πτώση μας μπροστά στις αντιξοότητες και έτσι τοποθετεί προστατευτικούς αγγέλους που μας καθοδηγούν σε κάθε βήμα που κάνουμε.

Νιώθω ότι η ζωή μου προχωράει. Μέρα με τη μέρα, αντιμετωπίζω τους αγώνες μου με χαρά, δύναμη, θάρρος και αποφασιστικότητα. Δεν ξέρω ακριβώς πού πηγαίνω, αλλά είμαι απόλυτα προσκολλημένος στο θείο θέλημα. Αυτό είναι απολύτως καλό και εκπληκτικό για μένα. Νιώθω εντελώς ελεύθερη να αντιμετωπίσω νέες εμπειρίες στη ζωή μου.

Έχω περάσει μεγάλες καταιγίδες σκότους. Χάθηκα αρκετές φορές και βρέθηκα. Ο Βούδας διδάσκει ότι μέσω του πόνου επιτυγχάνουμε την πνευματική μας απελευθέρωση. Και αυτή η μεγάλη απελευθέρωση θα είναι δυνατή μόνο αν είστε πρόθυμοι να διακινδυνεύσετε ακόμη και σε εντελώς απρόβλεπτες καταστάσεις.

Η αγάπη μας κάνει να πιστεύουμε ότι όλα αξίζουν τον κόπο.

Ξέρεις, η αγάπη κουβαλάει μια μεγάλη μαγεία μαζί σου: Αξίζει τον κόπο μέχρι ασυνήθιστες και επικίνδυνες καταστάσεις. Όταν διακινδυνεύουμε για αγάπη, είμαστε πρόθυμοι να εγκαταλείψουμε τον εαυτό μας για καλό σκοπό. Κατ' αναλογία, η αγάπη του Χριστού στο σταυρό συμβολίζει τη δύναμη της αγάπης.

Για να αγαπήσουμε, δεν χρειαζόμαστε κανένα λόγο. Τα συναισθήματά μας δεν χρειάζονται κανένα λόγο. Απλά θέλουμε το καλύτερο για εμάς και ο ένας για τον άλλον. Έτσι απλά συμβαίνει η μαγεία της αγάπης.

Υπάρχουν πράγματα στα οποία δεν μπορούμε να επανέλθουμε

Ο Θεός μας έδωσε την ελεύθερη επιλογή, ώστε να μπορέσουμε να χτυπήσουμε ή να χάσουμε. Και έτσι, κάνουμε τις επιλογές μας. Όσο κι αν μετανιώνουμε για τα λάθη μας, δεν υπάρχει γυρισμός και διόρθωση. Υπάρχουν καταστάσεις στη ζωή που είναι απελπιστικές. Για παράδειγμα, μια στοργική επιλογή μεταξύ δύο ανθρώπων. Αυτός που έχει περιφρονηθεί δεν θα συγχωρήσει ποτέ ξανά το αγαπημένο πρόσωπο.

Αυτό συνέβη σε μια από τις προσπάθειές μου για αγάπη. Διάλεξε τη γυναίκα του και με περιφρόνησε. Όσο κι αν το μετανιώνει, δεν μπορώ ποτέ να τον εμπιστευτώ πιο απλά επειδή η αγάπη του για τη γυναίκα του ήταν μεγαλύτερη από την αγάπη του για μένα. Ναι, αν δεν είμαστε προτεραιότητα στη ζωή κάποιου, τότε καλύτερα να ξεφύγετε οριστικά. Αυτό θα δώσει κάτι λιγότερο από μια ψευδαίσθηση.

Δεν μπορούμε πάντα να δουλεύουμε πάνω σε αυτό που μας αρέσει.

Δεν μπορούμε πάντα να δουλεύουμε πάνω σε αυτό που μας αρέσει. Μερικές φορές αυτό που τροφοδοτεί την ψυχή μας δεν θρέφει το σώμα μας. Η τέχνη γενικά είναι έτσι. Η τέχνη είναι κάτι που μας κάνει καλό, αλλά δεν μας συντηρεί. Ωστόσο, δεν χρειάζεται να είμαστε λυπημένοι για αυτήν την κατάσταση. Μπορούμε να καλλιεργήσουμε την τέχνη στον ελεύθερο χρόνο μας και έτσι το μυαλό μας θα γεμίσει με χαρά, διασκέδαση και γοητεία.

Η τέχνη δεν με στήριξε ποτέ. Πάντα είχα τις δουλειές μου που αποτελούν τη βάση του εισοδήματός μου. Η τέχνη είναι ένα επιπλέον εισόδημα, αλλά δεν είναι εφικτό να ζεις μόνο με την τέχνη, επειδή το καλλιτεχνικό εισόδημα ποικίλλει σημαντικά και μπορεί να είναι πολύ μικρό σε ένα δεδομένο μήνα.

Μην αφήνετε το κακό να είναι στη ζωή σας.

Όταν κάποιος μας βλάπτει, αυτό είναι κάτι που δεν μπορείτε να αποφύγετε ή να προβλέψετε. Ωστόσο, το να συνεχίσουμε να υποφέρουμε είναι μια επιλογή. Όταν κάτι μας καταστρέφει, μπορούμε απλά να το απωθήσουμε ή να το αντέξουμε ως μάρτυρα.

Εύχομαι μόνο καλό στον εαυτό μου. Όλα όσα με κατέστρεψαν στο παρελθόν ήταν στο παρελθόν. Έτσι, αυτές τις μέρες, αισθάνομαι σαν ένα πλήρες άτομο. Νιώθω με τη δύναμη να συνεχίσω τους καθημερινούς μου αγώνες με πολλή επιθυμία να κερδίσω.

Λατρεύω αυτόν τον δρόμο μου στον πλανήτη Γη. Είναι ένας δρόμος γεμάτο σκαμπανεβάσματα, αποτυχίες και νίκες, βεβαιότητες και απρόβλεπτα γεγονότα. Αλλά αξίζει τον κόπο. Ναι, δεν χορταίνω να ευχαριστώ κάθε επίτευγμα στη ζωή μου και είμαι προετοιμασμένος για τις επόμενες εξελίξεις.

Προσπαθήστε να ζήσετε σε αρμονία με όλους.

Για να έχετε αρμονία γύρω σας, πρέπει να καλλιεργήσετε την ειρήνη και την εσωτερική αρμονία. Ενεργώντας ειλικρινά, κάνετε περισσότερους φίλους παρά εχθρούς και παρέχετε σημαντικές κοινωνικές σχέσεις. Όσο περισσότερη εσωτερική ειρήνη έχετε, τόσο καλύτερη θα είναι η ψυχική σας κατάσταση και η συναναστροφή σας με τόσο περισσότερα.

Προσπάθησα να ζήσω σε εσωτερική ειρήνη με όλους. Αλλά μερικές φορές είναι αδύνατο. Δεν εξαρτάται μόνο από εσάς. Μερικές φορές οι άλλοι δεν θέλουν να είναι φίλοι σας. Έτσι, σε αυτή την κατάσταση, πρέπει να σεβόμαστε ο ένας τον άλλον και να διατηρούμε μόνο επαγγελματικές σχέσεις.

Να είστε λιγότερο αδαείς και περήφανοι.

Υπάρχουν άνθρωποι που αισθάνονται περισσότερο ότι έχουν επιρροή, πλούσιοι και ισχυροί. Υπάρχουν άνθρωποι που θέλουν να υποτιμήσουν τους άλλους επειδή έχουν ανώτερες θέσεις. Αυτοί οι άνθρωποι είναι μέτριοι επειδή ο μόνος μεγάλος στον κόσμο είναι ο Θεός.

Όταν πολλοί θέλουν να είναι σαν τον Θεό, πέφτουν στην απώλεια. Όλο αυτό το διάστημα, ο κόσμος θα γυρίσει και αυτοί οι άνθρωποι που είναι στην κορυφή θα πέσουν κάτω. Αυτό γίνεται για να δείξει ότι κανείς δεν είναι τόσο ισχυρός ή σημαντικός όσο ο Θεός. Είμαστε όλοι αμαρτωλοί και ζωύφια στη γη.

Σε αντίθεση με πολλούς ανθρώπους, ήμουν πάντα ένας ταπεινός άνθρωπος. Πάντα εκτιμούσα την εργασία, τις μειονότητες, την αγάπη του Θεού, την αγάπη για τον εαυτό μου, τη θρησκεία και την ειλικρίνεια. Φτάνω στους καρπούς της απλότητάς μου με θείες ευλογίες. Εάν βρίσκεστε σε λάθος δρόμο, υπάρχει ακόμα χρόνος για να σκεφτείτε και να αλλάξετε. Βάλτε τον εαυτό σας ως ένα πραγματικά καλό εργαλείο προώθησης. Κάντε το για τον εαυτό σας και το σύμπαν που σας καλωσόρισε τόσο καλά.

Σκεφτείτε πολύ και σκληρά πριν μιλήσετε.

Κάθε πράξη χωρίς σκέψη είναι μια μεγάλη τραγωδία. Οι απερίσκεπτες πράξεις προκαλούν θλίψη και πόνο στον πλησίον μας. Είναι επομένως απαραίτητο να εξελιχθεί και να σκεφτεί πριν δράσει.

Υπήρξα θύμα πολλών προσωπικών τραγωδιών. Με αυτό, έχω μάθει να εκτιμώ τους ανθρώπους που σκέφτονται. Οι άνθρωποι που πιστεύουν ότι είναι οι καλύτερες εταιρείες που μπορούμε να έχουμε.

Κοιτάξτε λοιπόν ποιος πραγματικά αξίζει τη φιλία σας. Η επιλογή πραγματικών φίλων θα σας εξοικονομήσει χρόνο και κόπο. Είναι τόσο καλό όταν ο ένας τον άλλον μας καταλαβαίνει απόλυτα. Είναι τόσο ωραίο να νιώθεις στοργή, στοργή και αγκαλιά πού και πού. Ναι, αν αγαπάτε κάποιον, μην χάνετε χρόνο και διαδηλώνετε με πράξεις και λόγια.

Όλες οι σεξουαλικότητάς είναι σημαντικές και πρέπει να γίνονται σεβαστές.

Πολλές σεξουαλικές μειονότητες διώκονται από την κοινωνία που κυριαρχείται από ετεροφυλόφιλους. Αυτό είναι τόσο λυπηρό επειδή ο κόσμος έχει εξελιχθεί τόσο πολύ με πολλούς τρόπους, αλλά αυτό το στοιχείο εξακολουθεί να υστερεί.

Αν σταματήσουμε να σκεφτόμαστε και να συνειδητοποιούμε ότι η σεξουαλικότητα είναι μία από τις κύριες εσωτερικές μας εκδηλώσεις, τότε θα πρέπει να επιτρέψουμε στους ανθρώπους να είναι ευτυχισμένοι. Η αποστροφή για την ομοφυλοφιλία φέρει από μόνη της την κακία πολλών ανθρώπων που θεωρούν τους εαυτούς τους επιλεγμένους από τον Θεό. Δεν υπάρχουν λάθος σεξουαλικοί προσανατολισμοί, υπάρχει η προκατάληψη των όψιμων ανθρώπων που πιστεύουν ότι είναι ανώτεροι από τους άλλους. Αυτό είναι πολύ ατυχές.

Υπερασπίζομαι το δικαίωμα και την ένταξη όλων στην κοινωνία. Λάθος ή σωστό, έχουμε το δικαίωμα να ασκήσουμε τις επιλογές μας. Ας αφήσουμε τον Θεό να κρίνει αν είναι σωστό ή λάθος. Όταν νοιαζόμαστε λιγότερο για τους άλλους, η προσωπική εξέλιξη είναι αξιοσημείωτη. Υπερασπίζομαι έναν κόσμο χωρίς προκαταλήψεις.

Να χαίρεστε για κάθε επίτευγμα και για κάθε μέρα που ζείτε.

Πόσο καλή αυγή και σούρουπο κάθε μέρα. Το δώρο της ζωής είναι μια μεγάλη ευλογία που πρέπει να απολαύσουμε μέχρι τέλους. Ακόμα κι αν η ζωή αποτελείται από μεγάλες προκλήσεις, το ωραίο είναι ότι λύνεις προβλήματα, ξεπερνάς τους φόβους, σηκώνεσαι γενναία και προχωράς.

Ζω τη ζωή μου έντονα όταν είναι δυνατόν. Έξω από τη ρουτίνα, μπορώ να ταξιδέψω επισκεπτόμενος συγγενείς και μέρη που πάντα ονειρευόμουν. Αυτές οι στιγμές είναι εξαιρετικά σπάνιες, γιατί τις περισσότερες φορές, δουλεύω στα έργα μου. Πρέπει να δουλέψω για να συντηρήσω τον εαυτό μου και να βοηθήσω την οικογένειά μου.

Όταν αντιμετωπίζουμε μεγάλες προκλήσεις, είναι ότι δείχνουμε την ικανότητά μας να

Μην σας ενοχλούν οι γιγάντιες προκλήσεις της ζωής. Με κάποιο τρόπο, μπήκαν στη ζωή σας για να την κάνουν να μεγαλώσει. Είναι μεγάλη η πρόκληση να δράσουμε για να μας σώσουν από κάθε κίνδυνο.

Η ζωή πάντα με προκαλούσε. Αντιμετωπίζω κάθε εμπόδιο με μεγάλη δύναμη, σθένος, θάρρος και αυτοπεποίθηση. Δεν απογοητεύτηκα ποτέ από καμία κατάσταση. Ξεπερνώντας τα προβλήματα, κατάλαβα πόσο μεγάλη ήταν η ικανότητά μου. Και έτσι, ζούσα μεγάλα συναισθήματα.

Επομένως, χρησιμοποιήστε την πίστη σας προς όφελός σας. Ποτέ μην τα παρατάτε μπροστά στο πρόβλημα. Να είστε σίγουροι ότι η νίκη σας θα έρθει με βάση τα πλεονεκτήματα των προσπαθειών σας. Καλή τύχη σε σας στη ζωή σας.

Λάβετε με χαρά όλες τις επισκέψεις από το σπίτι σας

Είναι υπέροχο να καλωσορίζουμε τους επισκέπτες. Όταν δείχνουμε τη στοργή μας στον συγγενή μας, αισθανόμαστε ένα κύμα αγάπης σε αντάλλαγμα. Αυτός ο βρόχος αίματος είναι ισχυρότερος και πιο αποτελεσματικός στις τροχιές μας.

Κάντε για τους άλλους αυτό που θέλετε για τον εαυτό σας. Όταν ακολουθούμε αυτήν την εντολή, δείχνουμε στον κόσμο την ανθρωπιά μας. Αυτή η ανθρωπότητα θα αφυπνίσει κάθε ον γύρω σας εμπνέοντάς τον να κάνει νέες φιλανθρωπικές πράξεις. Ο κόσμος χρειάζεται πιο επωφελείς δράσεις για τη μείωση των ανισοτήτων.

Η αγάπη είναι κάτι που πρέπει να καλλιεργείται καθημερινά.

Η αγάπη είναι σαν ένας σπόρος που ποτίζουμε με νερό κάθε μέρα. Εάν ένα από τα αγαπημένα μέρη δεν αντιστοιχεί, απλά αυτό το συναίσθημα θα κρυώσει μέχρι να καταστραφεί εντελώς. Έτσι, πριν ζητήσετε αγάπη, παρατηρήστε τη στάση σας και δείτε αν εσείς οι ίδιοι δίνετε την αγάπη που τόσο λαχταράτε.

Είχα μεγάλη αγάπη στη ζωή, αλλά κανείς τους δεν την εκτιμούσε. Απλά με πέταξαν και πήραν το δρόμο τους. Έτσι, ανέλυσα τη ζωή μου και διαπίστωσα ότι η αγάπη του Θεού και η αγάπη για τον εαυτό μου είναι μεγαλύτερη από οτιδήποτε άλλο. Ήμουν απλά αντιμέτωπος με την ευτυχία που πάντα ονειρευόμουν και αυτή η ευτυχία ήταν αυτή που έδωσα.

Δεν υπάρχει φόρμουλα έτοιμη να είμαστε ευτυχισμένοι, αλλά θα έλεγα ευτυχία μέρος του εαυτού μας. Αυτή την ευτυχία κανείς δεν σου αφαιρεί, ούτε μετά από πολύ καιρό, γιατί είναι μέσα σου.

Με ελκύει η ευφυΐα, η καλοσύνη και η γενναιοδωρία. Με ελκύουν θετικές σκέψεις που προέρχονται από καλά πλάσματα. Δεν θα συμφωνήσω ποτέ με ασήμαντους ανθρώπους, ζηλιάρηδες ή συκοφάντες. Θα είμαι πάντα στο πλευρό του Θεού και καλός σε όλες μου τις συμπεριφορές. Γι' αυτό κάποια πνεύματα με θεωρούν γιο του Θεού.

Μην λατρεύετε το παρελθόν σαν να μην υπάρχει αύριο.

Δεν είναι καλό να μιλάτε ή να θυμάστε το παρελθόν στη ρουτίνα σας γιατί δεν είναι χρήσιμο. Το παρελθόν δεν μπορεί να αλλάξει άλλο. Ωστόσο, μπορούμε να υιοθετήσουμε μια νέα στάση και να κάνουμε τις σωστές επιλογές στο παρόν και στο μέλλον. Το να είσαι ευτυχισμένος εξαρτάται αποκλειστικά και μόνο από τις νέες σου επιλογές.

Για πολύ καιρό, ήμουν κολλημένος στις θλίψεις του παρελθόντος. Αλλά μετά από λίγο, συνειδητοποίησα ότι χάνω το χρόνο μου. Έτσι, θυμάμαι λίγα από το παρελθόν και προτιμώ να επικεντρωθώ στα τρέχοντα έργα μου. Δούλευε. Έχω ένα μυαλό γεμάτο ηρεμία και γαλήνη.

Αν και το παρελθόν μπορεί να σας καταδικάσει, πρέπει να συγχωρήσετε τον εαυτό σας και να μετανοήσετε. Με τη σωστή στάση, μπορείτε να δείτε ότι υπάρχουν πάντα νέες ευκαιρίες για να δείξετε την αξία σας. Κάντε πολλή χριστιανική αγάπη και οι αμαρτίες σας μπορούν να λυτρωθούν. Γίνετε νέος άνθρωπος και γράψτε μια νέα ιστορία.

Υπάρχουν πολλές μορφές αγάπης στον κόσμο.

Στον κόσμο, υπάρχουν διάφοροι τύποι αγάπες: αγάπη του Θεού, αγάπη των γονέων, αγάπη συγγενών, αγάπη των ζώων, αγάπη του φίλου και αγάπη των φίλων. Μην το παρακάνετε απαιτώντας υπερβολική αγάπη. Λάβετε υπόψη ότι η μεγαλύτερη αγάπη που θα έχετε στη ζωή θα είναι η αγάπη για τον εαυτό σας και το θείο.

Όταν απαιτούμε πάρα πολλά από τους άλλους, οι σχέσεις τείνουν να μας απογοητεύουν και να μας απογοητεύουν πάρα πολύ. Μην είστε λοιπόν έτσι και να είστε ρεαλιστές. Η ευτυχία και η αγάπη θα τελειώσουν μια μέρα. Όλα σε αυτή τη ζωή μια μέρα τελειώνουν. Γιατί λοιπόν να ρομαντικοποιησει την αγάπη πάρα πολύ; Είναι καλύτερα μια ρεαλιστική αγάπη παρά μια επινοημένη αγάπη. Υποφέρουμε λιγότερο από αυτό.

Μην ψάχνετε για μια σχέση αγάπης από οικονομικό ενδιαφέρον. Μείνετε για αγάπη με το άτομο.

Πάντα λέω ότι τα χρήματα δεν αγοράζουν τα καλύτερα πράγματα που έχουμε στη ζωή όπως: καλή παρέα, αγάπη, στοργή και φιλία. Γιατί λοιπόν να είσαι τόσο υλιστής άνθρωπος; Πρέπει να αφήσουμε τα υλικά αγαθά με τέτοιο τρόπο ώστε να μην έχουν καμία σημασία.

Κατά κάποιο τρόπο, το να έχεις χρήματα είναι καλό, αλλά δεν είναι το καλύτερο πράγμα στον κόσμο. Στη συνέχεια, εκτιμήστε τον χαρακτήρα και την ηθική του ατόμου. Χρειαζόμαστε ανθρώπους με καλές αξίες για να διευθύνουν τη ζωή όλων. Επομένως, επιλέξτε καλά τους κυβερνήτες σας.

Δεν υπάρχει απόλυτα σωστή ηθική.

Κάθε άτομο έχει να δείξει την αλήθεια του. Αυτό που θεωρούμε σωστό μπορεί να είναι λάθος κατά τη γνώμη των άλλων. Γιατί λοιπόν θέλετε να επιβάλλετε τη γνώμη σας στους άλλους; Όχι, μην το κάνετε αυτό. Ας είναι ευχαριστημένος ο καθένας με τις επιλογές του.

Οι λόγοι της σύγκρουσης είναι βασικά διαφορετικές απόψεις. Ακόμη και στην ανάλυση ενός νόμου, υπάρχουν πολλές απόψεις. Ο καθένας βλέπει μια ιστορία με τη δική του οπτική και πρέπει να τη σεβόμαστε. Αυτό που δεν μπορούμε να κάνουμε είναι να πούμε ψέματα για να φτάσουμε στο επόμενο. Να είστε πάντα αληθινοί ανά πάσα στιγμή.

Χρειαζόμαστε γενναιόδωρους και καλούς ανθρώπους.

Χρειαζόμαστε έναν πιο ανθρώπινο και καλό κόσμο. Χρειαζόμαστε τους άνδρες να σέβονται τις συζύγους τους και να μην θέλουν να τις κατέχουν. Χρειαζόμαστε λιγότερη βία και περισσότερη κατανόηση.

Πάντα φοβόμουν να έχω σχέση λόγω γυναικοκτονία. Είναι πολύ δύσκολο να εμπιστευτούμε έναν άνθρωπο αν έχουμε τόσα πολλά παραδείγματα ενδοοικογενειακής βίας. Έτσι, αν θέλετε να προστατεύσετε τον εαυτό σας, καλύτερα να συνεχίσετε μόνοι σας.

Η ιστορία της πόλης Πιο χαμηλά στην πολιτεία της Μπαΐα

Μιλήστε στο μεγάλο σπίτι.

Ο Μαρκήσιος του Αζεβέδο, ένας ισχυρός γαιοκτήμονας, και η σύζυγός του Ελεονώρα μιλούν για μια νύχτα στο τέλος του έτους.

Μαρκήσιοι του Αζεβέδο

Είμαι κουρασμένος και άρρωστος από αυτή τη ζωή στη χώρα. Δεν είναι στάση. Είμαι ήδη ένας ηλικιωμένος άνδρας στα 70 του και αντί να ξεκουράζομαι, αγχώνομαι με τους υπαλλήλους. Τι να κάνω, γυναίκα;

Ελεωνορα

Συνταξιοδοτηθείτε, συνταξιοδοτηθεί Μοιραστείτε την κληρονομιά με τον μικρότερο γιο σας. Είναι άνεργος και θα ήθελε πολύ να έχει μια νέα πρόκληση. Η ζωή είναι έτσι, γεμάτη κύκλους που τελειώνουν.

Μαρκήσιοι του Αζεβέδο

Αυτή είναι μια μεγάλη ιδέα. Πηγαίνω στο γραφείο μητρώου για να κάνω τη μεταφορά και να απολαύσω το υπόλοιπο της ζωής μου σε ταξίδια. Κλείνω τον κύκλο εργασίας μου σήμερα.

Ελεωνορα

Συγχαρητήρια. Θα σας συνοδεύσω σε αυτά τα ταξίδια. Θέλω να απολαύσω και τη ζωή. Ξεκινήστε μια νέα ιστορία.

Το ζευγάρι αγκαλιάζεται και γιορτάζει. Ήταν δεκαετίες δουλειάς που τελείωσαν. Τώρα, δεν θα χρειαζόταν να ανησυχούν πια. Θα υπήρχαν αναμνήσεις από εκείνο το ακμάζον κτήμα.

Νέος ιδιοκτήτης και άνοιγμα του εμπορίου.

Ο Ιωσήφ του Αζεβέδο έγινε με κληρονομιά ο νέος ιδιοκτήτης του αγροκτήματος. Μόλις έφτασε, άρχισε να οργανώνει την επιχείρηση. Προσέλαβε υπαλλήλους για φυτείες ζαχαροκάλαμου, άνοιξε ένα εμπόριο τροφίμων και άρχισε να εκτρέφει πολλά κοπάδια ζώων. Με αυτά τα εγχειρήματα, η επιτυχία του ήταν σίγουρα ασφαλής.

Λίγο μετά το άνοιγμα του εμπορίου, παρευρισκόταν στο κατάστημα.

Σάρλοτ

Ήρθα να ψωνίσω. Θέλω μόνο ένα κιλό κρεμμύδια, διακόσια γραμμάρια τυρί, τρία ψωμιά και ένα κιλό αλάτι.

Ιωσήφ του Αζεβέδο

Είναι αυτό;; Νόμιζα ότι θα ζητούσατε πολλά περισσότερα.

Σάρλοτ

είναι επειδή αντιμετωπίζουμε οικονομικά προβλήματα. Η μητέρα μου πέθανε και ο πατέρας μου δεν πήρε σύνταξη λόγω προβλημάτων με τα έγγραφά του. Έτσι, το ήδη μικρό εισόδημά μας έγινε μόνο το μισό. Παρεμπιπτόντως, ψάχνω για μια δουλειά τόσο τρελή για να βελτιώσω την οικονομική μου κατάσταση.

Ιωσήφ του Αζεβέδο

Καταλαβαίνω. Θα σε βοηθήσω στο όνειρό σου. Χρειάζομαι έναν συνοδό για να με βοηθήσει να κάνω εμπόριο ενώ βρίσκομαι στο αγρόκτημα. Θα συνεργαστείτε μαζί μου;

Σάρλοτ

Θα το λατρέψω. Πότε αρχίζω να εργάζομαι;

Ιωσήφ του Αζεβέδο

Είναι αύριο. Καλώς ήρθατε στην ομάδα μας.

Η κοπέλα αποχαιρέτησε με απεριόριστη χαρά και είπε στον πατέρα της τα καλά νέα. Τελικά, είχε βρει μια μεγάλη λύση στο οικονομικό του πρόβλημα. Χαίρομαι που ο Θεός άκουσε τις προσευχές σας.

Μιλήστε με τον πατέρα.

Η Σάρλοτ επιστρέφει στο σπίτι και την υποδέχεται με χαρά ο πατέρας της.
Άλβιν
Χαίρομαι που είσαι εδώ, κόρη μου. Τι νέα μας φέρνει;
Σάρλοτ
Αγόρασα τα πράγματα που ζήτησα. Είχα επίσης την ευχάριστη έκπληξη να προσληφθώ ως επαγγελματίας συνοδός.
Άλβιν
Αυτό είναι πολύ υπέροχο. Ήταν όμως τόσο εύκολο;
Σάρλοτ
Φαίνεται ότι ο ιδιοκτήτης συμπάθησε μαζί μου. Χάρη στις προσευχές μου, ο Θεός έχει προσφέρει αυτό το μεγάλο θαύμα στη ζωή μας.
Άλβιν
Προχώρα, παιδί μου. Θα σας παράσχω όλη την υποστήριξη.
Το δίδυμο αγκαλιάζει και γιορτάζει τη νέα φάση. Από εδώ και πέρα, ο καιρός της δυστυχίας θα είχε τελειώσει. Είθε ο Θεός να δοξάζεται πάντα.

Η ανέγερση του Ναού της Παναγίας της Υγείας

Η Σάρλοτ εργαζόταν στο κατάστημα τροφίμων για τρεις μήνες. Καθώς ήταν φιλική, όμορφη και ευγενική, πλησίαζε όλο και περισσότερο το αφεντικό της. Τότε ήταν που αποφάσισε να ρισκάρει.
Ιωσήφ του Αζεβέδο
Αγαπητή μου Σάρλοτ, θα γίνουν τα εγκαίνια της Εκκλησίας της Παναγίας της Υγείας το επόμενο Σάββατο. Είμαι ακόμα μόνος. Θα μπορούσατε να έρθετε μαζί μου;
Σάρλοτ

Θα είναι τεράστια χαρά να σας συνοδεύσω, αγαπητό μου αφεντικό. Αλλά πώς θα σας συνόδευα; Ποια θα είναι η δουλειά μου;

Ιωσήφ του Αζεβέδο

Ως μνηστήρας μου, φίλη μου. Τι νομίζεις;

Σάρλοτ

Πώς είναι; Είσαι τρελό; Δεν παραγγείλατε καν επίσημα.

Ο Τζόζεφ έπεσε γρήγορα στα γόνατά του μπροστά της. Με το ένα χέρι, του πρόσφερε ένα δαχτυλίδι ως σύμβολο δέσμευσης. Ενθουσιασμένη, δέχτηκε το δώρο.

Σάρλοτ

Από εδώ και στο εξής, θα είμαι η φίλη σου. Είμαι απίστευτα χαρούμενος γι' αυτό. Ανυπομονώ για το κόμμα.

Την προγραμματισμένη ημέρα και ώρα παρευρέθηκαν στα εγκαίνια του ναού. Υπήρχαν πολλοί άνθρωποι που γιόρταζαν τη θρησκευτική κατάκτηση. Υπήρχε πολλή μουσική, χορός, πολλή κίνηση και πολλή χαρά από τους συμμετέχοντες. Ήταν μια στιγμή που σηματοδότησε την ανάπτυξη του δήμου Πιο χαμηλά στην Μπαΐα.

Τέλος της ιστορίας

Με ένα έτος χρονολόγησης, καταχωρούν επίσημα το γάμο στο ληξιαρχείο. Λίγο καιρό αργότερα, απέκτησαν τρία όμορφα παιδιά. Με την εδραίωση του γάμου, έζησαν πολλές ευτυχισμένες στιγμές και είδαν την εδραίωση της οικονομικής ανάπτυξης της περιοχής. Χαρακτηρίστηκαν για πάντα στην ιστορία ως πρωτοπόροι στην περιοχή.

Έχετε την αλήθεια ως θεμελιώδη αξία στη ζωή σας.

Μην λέτε ψέματα και μην προσποιείστε. Είναι καλύτερα η σκληρή αλήθεια παρά το ψέμα που κοροϊδεύετε. Με την αλήθεια ως θεμελιώδη αξία, θα χτίσετε σοβαρές και γόνιμες σχέσεις. Πιστέψτε με, είναι υπέροχο να είσαι ειλικρινής και αληθινός.

Όσο περνάει ο καιρός, τόσο πιο δύσκολα γίνονται τα πράγματα.

Η ζωή είναι μια προγραμματισμένη ακολουθία εμποδίων. Όσο περισσότερο προχωρούμε, τόσο μεγαλύτερες είναι οι προκλήσεις. Αυτό συμβαίνει για να μας κάνει ικανούς να επιβιώσουμε σε οποιαδήποτε κατάσταση. Μέσω της εμπειρίας μπορούμε να γίνουμε αληθινοί άνθρωποι.

Είμαι ένας άνθρωπος έτοιμος να αντιμετωπίσει τη ζωή λόγω των προκλήσεων που έχω βιώσει. Έγινα πνευματικός δάσκαλος και αξιοσέβαστος συγγραφέας. Έτσι, αν το έκανα, το ίδιο μπορείτε να κάνετε και εσείς. Πιστέψτε στις δυνατότητές σας, επενδύστε σε αυτό που σας αρέσει και να είστε απίστευτα χαρούμενοι. Θα υπάρχει πάντα μια νέα ευκαιρία να εκπληρώσετε τα όνειρά σας.

Προσοχή στις κακές επιρροές

Αναζητήστε καλή παρέα για να μιλήσετε, να κάνετε παρέα ή να βγείτε ραντεβού. Μη μου επιτρέπετε να με γοητεύουν οι ανώφελοι. Όποιος είναι κακός θα σας οδηγήσει στον πάτο με τις κακές συμβουλές σας. Στη συνέχεια, μείνετε μακριά από αυτούς.

Η σκοτεινή νύχτα της ζωής μου

Είχα μια σκοτεινή εμπειρία στα νιάτα μου, όπου έζησα έντονα τη σκοτεινή νύχτα της ψυχής, μια εποχή που ξέχασα τον Θεό, τις αρχές και βυθίστηκα στις αμαρτίες. Ωστόσο, έπρεπε να το βιώσω αυτό για να έχω την πραγματική διάσταση της αποστολής μου.

Ήταν σε μια έρημο κοντά στο σπίτι μου που βίωσα τρομερές εμπειρίες που μετανιώνω. Όταν μετανόησα, συνήλθα πλήρως και έγινα ο καλός άνθρωπος που είμαι σήμερα.

Αυτή η συνάντηση με τη σκοτεινή νύχτα της ψυχής μου με έκανε να νιώσω σαν ανθρώπινα αποβράσματα, αλλά έμαθα επίσης την αξία μου. Ο Θεός ήθελε να είναι έτσι ώστε να μπορέσω να ξεπεράσω και να ξεπεράσω όλα τα εμπόδια στη ζωή μου. Σήμερα, αισθάνομαι πραγματικός νικητής.

Ο Θεός δημιούργησε τον άνδρα και τη γυναίκα για να παντρευτούν και να πολλαπλασιαστούν.

Το φυσικό των ανθρώπινων ερωτικών σχέσεων είναι ο άνδρας και η γυναίκα. Μέσω αυτών δημιουργούνται παιδιά και η ζωή συνεχίζεται. Αν και όλες οι σεξουαλικές διαφορές πρέπει να γίνονται σεβαστές και να έχουν το δικαίωμα στην ελεύθερη επιλογή τους, η οικογένεια που κάνουν ο άνδρας και η γυναίκα είναι η πιο κοινή.

Πριν επικρίνετε, παρατηρήστε τη στάση σας.

Πολλοί επικρίνουν τους άλλους για αυτό που κάνουν, αλλά ξεχνούν ότι μερικές φορές οι ίδιοι είναι χειρότεροι από τεμπέληδες. Είναι σαφές ότι είναι εύκολο να επικρίνουμε, αλλά η ζωή του ατόμου είναι κάτι πολύ πιο δύσκολο.

Προσπαθήστε να υποστηρίξετε τους άλλους αντί να επικρίνετε. Είναι τόσο όμορφο όταν βλέπεις ανθρώπους να ασχολούνται με το να βοηθούν τους άλλους με κάποιο τρόπο. Γίνετε λοιπόν φίλοι με τους ανθρώπους αντί να μπαίνετε εμπόδιο.

Είναι ευκολότερο να αγαπάς μακρινούς ανθρώπους.

Οι άνθρωποι με τους οποίους ζούμε, η οικογένεια ή οι φίλοι, υπάρχουν πάντα διαφορές. Τείνουμε να απογοητευόμαστε από τη στάση των ανθρώπων που βρίσκονται πιο κοντά μας και υποφέρουμε από αυτό. Ταυτόχρονα, τείνουμε να συμπάσχουμε με ανθρώπους που βλέπουμε μερικές φορές ή που γνωρίζουμε στο Διαδίκτυο.

Αυτό το φαινόμενο είναι όλο και πιο κοινό στον σύγχρονο κόσμο. Η τάση των ανθρώπων είναι να ζουν μέτριες ζωές. Αλλά αν κοιτάξουμε σκληρά, μπορούμε να βρούμε καλούς ανθρώπους στα εκατομμύρια. Αυτές οι σπανιότατες είναι που μας κάνουν να πιστεύουμε ακόμα στην αγάπη.

Απαλλαγείτε από όλα όσα σας φυλακίζουν.

Οτιδήποτε σας βλάπτει ή σας φυλακίζει πρέπει να αφαιρεθεί από τη ζωή σας. Κατά κάποιο τρόπο, όσο πιο γρήγορα δώσετε την κραυγή ελευθερίας σας τόσο καλύτερα θα είναι για τη ζωή σας. Ναι, να είστε ο πρωταγωνιστής της ιστορίας σας σε όλες τις καταστάσεις. Μην αφήνετε τους άλλους να οδηγούν τη ζωή σας. Έχετε το θάρρος να αντιμετωπίσετε τη ζωή και να κάνετε τις σωστές επιλογές που θα σας οδηγήσουν στην αληθινή ευτυχία.

Πρέπει να μάθουμε να ζούμε με τη διαφορά των άλλων.

Όλοι έχουμε τις δικές μας απόψεις και συχνά διαφέρουμε από τις απόψεις των άλλων ανθρώπων γύρω μας. Επομένως, είναι απαραίτητο να γνωρίζουμε πώς να σεβόμαστε κάθε μία από τις διαφορές που υπάρχουν στον κόσμο. Κατά συνέπεια, πρέπει να κατανοήσουμε και να καλωσορίσουμε όλους τους ανθρώπους ως φίλους ή συντρόφους που περπατούν.

Ήμουν πάντα ένας απόλυτα κατανοητός άνθρωπος με όλους τους ανθρώπους. Αλλά δεν βρίσκουμε πάντα συγκρίσεις σε άλλους. Τότε λοιπόν εμφανίζονται οι διαφορές. Συχνά δεν είναι δυνατή η επίτευξη συμφωνίας.

Εάν μπορείτε, ζήστε τη ζωή σας ανεξάρτητα. Αλλά αν εξαρτάστε πραγματικά από αυτή τη θέση στην εταιρεία, τότε θα πρέπει να ξέρετε πώς να ζήσετε με τους ανθρώπους. Δεν υπάρχει μέση λύση σε αυτό.

Δεν έχει νόημα να κρίνεις, δεν ξέρεις το άτομο

Γνωρίζουμε τους ανθρώπους μόνο επιφανειακά. Δεν ξέρουμε ποιες είναι οι πραγματικές προθέσεις της καρδιάς τους και τι περνούν. Έτσι ποτέ μην κρίνετε τους ανθρώπους για αυτό που κάνουν. Ο μόνος που μπορεί να κρίνει είναι ο Θεός, ο οποίος είναι τέλειος σε όλες τις ιδιότητές του.

Δόξα τω Θεώ, πάντα προτιμούσα να υποστηρίζω τους ανθρώπους παρά την κρίση. Ποτέ δεν απέκλεισα κανέναν επειδή το άτομο έχει διαπράξει μια αμαρτία επειδή κάποιος υπόκειται στα προβλήματα της ζωής.

Όλοι θεωρούμαστε αδέλφια του είδους. Αν σταματήσετε να σκέφτεστε, πραγματικά είμαστε. Έτσι, αν μπορούμε να βοηθήσουμε ο ένας τον άλλον, αυτό είναι όμορφο για τον Θεό.

Είναι δύσκολο να μείνουμε μακριά από τους ανθρώπους που αγαπάμε.

Εάν αυτό το άτομο που σας ενδιαφέρει απουσιάζει για μεγάλο χρονικό διάστημα ή δεν ήρθε ποτέ να σας επισκεφθεί ξανά, αυτό είναι ένα μεγάλο σημάδι ότι δεν σας αγαπά. Όταν αγαπάμε απόλυτα ο ένας τον άλλον, θέλουμε να μείνουμε κοντά όποτε είναι δυνατόν.

Όποιος σε αγαπάει πρέπει να επιδεικνύει συμπεριφορές. Εάν το άτομο λέει ότι σας αγαπά αλλά δεν δείχνει σε συμπεριφορές, τότε αυτό είναι μια μεγάλη απάτη. Διαγράψτε λοιπόν αυτές τις ψεύτικες αγάπες από τη ζωή σας και ζήστε μόνοι αλλά ευτυχισμένοι.

Όσο περισσότερο σκέφτεστε τις αποτυχίες, τόσο περισσότερο τις προσελκύετε.

Μην θρηνείτε τις αποτυχίες σας για πολύ. Αν το κάνετε, θα φυλακιστείτε ανεπανόρθωτα στο παρελθόν και δεν θα προχωρήσετε στη ζωή. Απαλλαγείτε από τις κακές αναμνήσεις και ξεκινήστε τις νέες σας προσπάθειες. Μπορεί να συμβούν νέες αποτυχίες, αλλά αυτό είναι μέρος της ζωής.

Είμαι έκπληκτος με τους ανθρώπους που έχουν όνειρα αλλά δεν κάνουν τίποτα για να τα αποκτήσουν. Αυτό είναι τρομερά κακό. Είναι τεμπέληδες άνθρωποι που πιστεύουν ότι τα πράγματα θα είναι εύκολα. Αλλά η ίδια η ζωή δεν είναι εύκολη. Χρειάζεται μεγάλη προσπάθεια για να κερδίσεις.

Με κάθε κακό γεγονός, σηκωθείτε.

Δεν έχει σημασία πόσες φορές έχετε δοκιμάσει ή υποστεί κάτι κακό. Η ζωή είναι γεμάτη απρόβλεπτα γεγονότα που μπορούν να μας ρίξουν. Εκείνη τη στιγμή, θεραπεύστε τους πόνους σας, σηκωθείτε και προχωρήστε. Η ζωή σας περιμένει με υπέροχα νέα, χαρές, αγάπες, φαντασιώσεις, ιστορίες, παραδόσεις και πολλές συγγνώμες. Είναι πάντα καιρός να ξεκινήσετε από την αρχή.

Πάντα ήμουν πολύ επίμονος με τα όνειρά μου. Ποτέ δεν άφησα τον εαυτό μου να παρασυρθεί από την αποθάρρυνση κάθε φορά που απέτυχα. Έτσι, εφαρμόστε αυτό σωστά στη ζωή σας που θα είναι εντάξει. Ιδιαίτερα καλή τύχη στις προσπάθειές σας.

Κάθε νίκη στη ζωή μας έχει μια ιστορία.

Δεν είναι η ίδια η νίκη που μας κάνει ευτυχισμένους. Αυτό που μας κάνει χαρούμενους στις νίκες μας είναι κάθε βήμα που έχουμε κάνει στον αγώνα για την επιτυχία. Όταν κερδίζουμε, μια ταινία περνάει στο μυαλό μας από τα βάσανά μας στην επιθυμητή κατάκτηση. Αυτό κάνει ένα κακό καλό.

Είχα πολλές νίκες μετά από πολύ καιρό. Αυτό αποδεικνύει ότι δρέπουμε τους καρπούς της φυτείας μας. Δεν είναι όταν θέλουμε, αλλά όταν μας το επιτρέπει ο Θεός. Έτσι, αν έχετε ένα όνειρο, προχωρήστε και μην τα παρατάτε ποτέ.

Αφήνω το όριο της λογοτεχνίας μου να είναι η φαντασία μου.

Ομολογώ ότι μου αρέσει να δημιουργώ ιστορίες για όλους τους αναγνώστες. Μέσα από τη φαντασία μου, ο αναγνώστης μπορεί να βιώσει αισθήσεις που δεν είχαν νιώσει ποτέ πριν. Αυτό αξίζει τον κόπο σε ένα βιβλίο: το όριο είναι η φαντασία μας. Σε συνδυασμό με τη γνώση, η φαντασία παράγει απίστευτα αποτελέσματα στη λογοτεχνία.

Αν και η λογοτεχνία είναι η μεγάλη μου δραστηριότητα, έχω και τη δουλειά μου. Αυτές οι δύο δραστηριότητες γεμίζουν τη ζωή μου με έναν τρόπο που καταλαμβάνει το φανταστικό μου μυαλό. Θα προχωρήσω με τα όνειρά μου και ελπίζω οι αναγνώστες να απολαύσουν αυτό που προτείνω.

Κάντε μια ειλικρινή και ήσυχη βόλτα.

Η ζωή πρέπει να ζει με τον καλύτερο δυνατό τρόπο. Η ζωή απαιτεί από εμάς να περπατάμε και αυτή η πράξη πρέπει να γίνεται με ειλικρίνεια, ελευθερία, αγάπη, γενναιοδωρία, χαρά, νύχι, θάρρος και πίστη. Να είστε ηθικοί με τους ανθρώπους και ο Θεός θα σας πληρώσει δύο φορές περισσότερο.

Δεν μετανιώνω για τίποτα που έχω κάνει στο παρελθόν. Ίσως θα το πω γιατί δεν θυμάμαι να έκανα κάτι εσκεμμένο για να βλάψω κανέναν. Έτσι, έχω καθαρή και τέλεια συνείδηση στα μάτια του Θεού. Χαίρομαι που ξυπνάω και κοιμάμαι στην αγροτική μου απλότητα.

Μην ντρέπεστε για τη δουλειά σας.

Κάθε έργο είναι άξιο αναγνώρισης και χειροκροτήματος. Από τους πιο απλούς ως καθαριστές σπιτιών μέχρι τα μεγάλα στελέχη της εταιρείας. Ο καθένας έχει βασικό ρόλο στον κόσμο.

Πάντα αγαπούσα τις δουλειές και ποτέ δεν φοβόμουν να αντιμετωπίσω τη σκληρή δουλειά. Ήμουν αγρότης, δάσκαλος, δημόσιος υπάλληλος, σκηνοθέτης, μουσικοσυνθέτης, συγγραφέας, μεταξύ άλλων επαγγελμάτων. Σε όλες αυτές τις δουλειές, έδωσα το μάξιμουμ και ήμουν πολύ χαρούμενος σε κάθε μία από αυτές. Να είστε λοιπόν περήφανοι για τη δουλειά σας και συνεχίστε με αυτήν. Μην αφήσετε την τεμπελιά να σας φροντίσει. Εργαστείτε με χαρά και αισιοδοξία.

Ποτέ μην μετανοείτε για την καλοσύνη σας

Όσο παίζουμε ανόητους ρόλους και οι άνθρωποι εκμεταλλεύονται την καλοσύνη μας, προχωρήστε κάνοντας καλό. Η αμαρτία είναι στην κακία του άλλου και όχι σε σένα. Τίποτα δεν είναι καλύτερο από το να έχεις μια καρδιά στραμμένη σε φιλανθρωπικές πράξεις. Είναι πολύ ευχάριστο να συνειδητοποιούμε ότι είμαστε καλοί με όλους.

Ήμουν πάντα καλός σε κάθε κατάσταση. Αυτό προκάλεσε στους ανθρώπους παραξενιά και κάποια απόσταση. Δεν με ενδιέφερε η κριτική και συνέχισα να ενεργώ με τον ίδιο τρόπο. Με αυτό, πάντα ανταμείβομαι με την ευτυχία μου.

Έτσι, το να κάνεις καλό δημιουργεί μια καλή ατμόσφαιρα γύρω σου που σε απελευθερώνει από τα χειρότερα πράγματα. Πιστέψτε στον Θεό και στο σχέδιό του για τη ζωή σας. Πιστέψτε ότι όλα τα καλά θα συμβούν στη ζωή σας με τη θέληση του δημιουργού.

Ζήσε σαν να μην έχεις θρησκεία.

Ο θρησκευτικός φανατισμός είναι υπέροχο πράγμα. Μας φυλακίζει σε ηθικούς κανόνες που δεν δημιουργούμε. Το να ανήκουμε σε μια συγκεκριμένη θρησκεία δεν πρέπει να είναι αρκετό για να καταστρέψει την ελευθερία μας και τον δικό μας τρόπο σκέψης.

Πιστεύω σε όλες τις καλές θρησκείες. Πιστεύω στον Θεό και στην προστασία των καλών πνευμάτων. Αλλά δεν είμαι φανατικός. Έχω τη ζωή μου ελεύθερη να παίρνω τις δικές μου αποφάσεις και έχω επίσης ανοιχτό μυαλό για να καταλάβω ότι υπάρχουν άνθρωποι που σκέφτονται διαφορετικά από μένα. Είθε η θρησκευτική σας επιλογή να μην σας δώσει το δικαίωμα να καταπνίξετε τις επιλογές άλλων ανθρώπων. Ο σεβασμός πρέπει πάντα να έρχεται πρώτος.

Η ζωή στο ίδιο σπίτι είναι περίπλοκη.

Όταν βλέπετε ένα άτομο από καιρό σε καιρό, μπορεί να έχετε μια λανθασμένη εντύπωση γη 'αυτούς. Το δύσκολο είναι να ζεις καθημερινά και τότε εμφανίζονται όλα τα ελαττώματα. Επομένως, να είστε προσεκτικοί σχετικά με την τοποθέτηση περίεργων ανθρώπων μέσα στο σπίτι σας.

Μερικές φορές νομίζω ότι γεννήθηκα για να είμαι ανύπαντρη. Έχω πολλές δυσκολίες στις σχέσεις με άλλους ανθρώπους. Πάντα ήμουν ένα παιδί που δεν έκανε ποτέ ομαδικές φιλίες. Αυτό με κάνει να πιστεύω ότι είμαι καλύτερα μόνος μου. Ωστόσο, δεν αποκλείω ότι μια μέρα μπορεί να έχω έναν φίλο. Ποτέ δεν ξέρουμε τι μας επιφυλάσσει η μοίρα.

Είχα το όνειρο να κάνω παιδιά.

Για πολύ καιρό, ονειρευόμουν να χτίσω μια τέλεια οικογένεια με έναν φίλο και παιδιά. Ο καιρός όμως περνούσε και αναδύονταν νέες ευθύνες. Αυτό άφηνε πίσω το όνειρό μου και το καθιστούσε σχεδόν αδύνατο.

Είναι πολύ περίπλοκο να σκεφτείτε να παντρευτείτε και να αποκτήσετε παιδιά όταν τα μέλη της οικογένειας εξαρτώνται από εσάς. Νιώθω παγιδευμένος σε αυτή την ευθύνη που μου άφησε η μοίρα. Αλλά δεν ξέρω ακριβώς πώς θα είναι το μέλλον μου σε δέκα χρόνια, 20 χρόνια ή ακόμα και τριάντα χρόνια. Ποιος ξέρει ότι το μέλλον δεν επιφυλάσσει μια μοίρα ευτυχίας; Προς το παρόν, είναι απλώς ένα μεγάλο όνειρο.

Θα ζήσω στην παρούσα στιγμή χωρίς πολλές προσδοκίες. Θα συνεχίσω με πολλή πίστη στον Θεό. Ό,τι μου γράφεται, θα το λάβω κάποια μέρα. Έτσι, περπατάω στη ζωή με σύνεση. Είθε ο Θεός να ευλογεί την επιτυχία όλων σας.

Όταν είμαστε δυσαρεστημένοι, μας παρακινεί να αλλάξουμε.

Υπάρχουν ορισμένες καταστάσεις στη ζωή που μας κάνουν δυσαρεστημένους. Αυτές οι καταστάσεις μας βγάζουν από την άνεση και μας κάνουν να θέλουμε να βελτιώσουμε την αλλαγή. Αυτό είναι ιδιαίτερα καλό. Οι προκλήσεις μας φέρνουν σε μια θέση δράσης στην οποία μπορούμε να δείξουμε την ικανότητά μας.

Στην προσωπική μου ζωή, ήμουν πάντα έμπειρος. Όλα με οδήγησαν να ενεργήσω προσεκτικά, αλλά με ακρίβεια και αποτελεσματικότητα. Έχω επιτύχει τα αποτελέσματα με τα δικά μου πλεονεκτήματα. Ένιωθα χαρούμενος με κάθε επίτευγμά μου σαν να ήταν μια μεγάλη αλλαγή. Γινόμουν μεγάλος νικητής.

Η φόρμουλα της επιτυχίας είναι απλή: πολύ θάρρος, πολλοί αγώνες, πολλή δέσμευση, αποφασιστικότητα και αγάπη για αυτό που γίνεται. Δεν έχει νόημα γιατί παραπονιέσαι για την έλλειψη ευκαιριών. Τίποτα δεν έρχεται ή φεύγει εύκολα. Χρειαζόμαστε εσωτερικές ενέργειες για να μας προσπεράσουν με το ανθρώπινο κακό. Χρειαζόμαστε την αγαπημένη μας ελευθερία να είμαστε πραγματικοί άνθρωποι. Πρέπει να είμαστε προτεραιότητα στη ζωή της αγάπης μας και στη ζωή μας. Ποτέ μην δέχεστε ψίχουλα αγάπης από κανέναν.

Πάντα να διαλογίζεστε για την εσωτερικότητά σας

Προσπαθήστε να διαλογίζεστε σε περιόδους θλίψης. Πάρτε μια βαθιά ανάσα, ηρεμήστε, σηκώστε το κεφάλι σας και λάβετε αποφάσεις με βάση την εσωτερική σας αντανάκλαση. Προσπαθήστε να βρείτε τον εαυτό σας αυτό που σας κινεί στη ζωή. Διαλογιζόμενοι εσωτερικά, θα βρείτε τις απαραίτητες απαντήσεις σε όλα τα προβλήματά σας. Η καλή αντανάκλαση θα σας απαλλάξει από την αγωνία και τα βάσανα. Αυτό είναι απαραίτητο για τη συναισθηματική μας ισορροπία.

Σκεφτείτε ότι ο κόσμος είναι ένας μεγάλος δρόμος μάθησης. Ο κόσμος παραμένει και είμαστε εδώ για λίγο. Τότε γιατί να φυτέψετε το κακό; Γιατί να μην εκμεταλλευτούμε τον λίγο χρόνο που μας απομένει για να κάνουμε το καλό; Πιστεύω ότι αυτό είναι μέρος της σφαίρας των προσωπικών επιλογών. Ακριβώς όπως πιστεύω στον Θεό, υπάρχουν άνθρωποι που πιστεύουν και λατρεύουν τον διάβολο. Είναι οι δύο αντίθετες δυνάμεις που επιμένουν στο σύμπαν. Και αυτές οι διαφορές πρέπει να γίνονται σεβαστές με τον ένα ή τον άλλο τρόπο.

Είμαστε εδώ στη γη για να ξεχωρίζουμε. Πρέπει να βοηθήσουμε στην πρόοδο της ανθρωπότητας. Τι όμορφη αποστολή δεν είναι; Μερικές φορές δεν συνειδητοποιούμε το μέγεθος της ευθύνης που κουβαλάμε καθημερινά. Εκτός από τις προσωπικές δεσμεύσεις, με φίλους και γνωστούς, πρέπει επίσης να σκεφτούμε τον κόσμο, έτσι ώστε η ζωή να είναι καλή για όλους.

Με κάνει να σκέφτομαι προσωπικούς στόχους. Οι στόχοι μας κατευθύνουν στην επίτευξη εργασίας, προσπάθειας, σχεδιασμού, προσωπικής νοημοσύνης. Αυτό μας θυμίζει και τη δημόσια διοίκηση της οποίας οι βασικές αρχές είναι τα σχέδια σχεδιασμού, ανάλυσης και δράσης. Ακόμα κι αν γνωρίζουμε λίγα, έχουμε κάτι να συνεισφέρουμε σε εκείνους που γνωρίζουν περισσότερα. Με αυτόν τον τρόπο, ο επαγγελματικός κύκλος κλείνει τέλεια.

Όταν πρόκειται για εργασία, πρέπει να σκεφτούμε την εκτίμηση των ανθρώπων, παρόλο που έχουν διαφορετικές ικανότητες. Δεν μπορούμε να χρησιμοποιήσουμε διαφορετικές κλίμακες για υπαλλήλους με την ίδια χωρητικότητα, αλλά μπορούμε να διαφοροποιήσουμε μεταξύ εκείνων με μεγαλύτερη χωρητικότητα. Είναι θέμα ισότητας στην εργασία.

Ευθύνη στο γάμο

Ένας γάμος είναι μεγάλη ευθύνη. Για να λειτουργήσει ο γάμος, απαιτείται ευρεία σύνδεση μεταξύ του ζευγαριού. Χρειάζεται κατανόηση, υπομονή, ανθεκτικότητα, ανοχή, αγάπη και συνενοχή.

Δεν έχω δουλέψει ποτέ με κανέναν που να δείχνει πόσο δύσκολο είναι να ανταποδοθείς ερωτευμένος. Η αγάπη είναι προνόμιο λίγων ανθρώπων. Μερικές φορές νομίζω ότι δεν γεννήθηκα για να παντρευτώ. Ίσως γι' αυτό είναι οι μεγάλες μου επιτυχίες στον έρωτα. Αλλά ίσως είναι απλώς μια αναντιστοιχία χαρακτήρων.

Αν έχετε κοσμηθεί με αγάπη, γιορτάστε και απολαύστε. Σε αυτό το διάστημα η ζωή, η αγάπη είναι αυτή που κρατά τον κόσμο. Μέσα από το αγαπημένο πρόσωπο χτίζει μεγάλα έθνη, μεγάλα κτίρια και μεγάλα θαύματα. Η αγάπη είναι το καλύτερο πράγμα στον κόσμο.

Ζωή και θάνατος

Στην αρχαιότητα, η πλημμύρα κατέστρεψε τη γη. Ο κατακλυσμός κάλυψε όλα τα βουνά και εξόντωσε τα ζωντανά όντα που ζούσαν στη γη. Μόνο ο Νώε και η οικογένειά του έχουν απομείνει. Μετά τον κατακλυσμό, ο Θεός σύναψε τη διαθήκη του με τα έμβια όντα, έτσι ώστε κανένας κατακλυσμός να μην μπορεί να καταστρέψει τη ζωή στη γη. Ο Θεός είδε ότι οι άνθρωποι θα μπορούσαν να είναι καλοί ή κακοί και τότε δέχτηκε αυτή τη δυαδικότητα.

Η τιμωρία από τον Θεό στη γη στην αρχαιότητα δείχνει ότι το σχέδιο του Θεού για τον άνθρωπο ήταν ότι ήταν τέλειος. Κάτι πήγε στραβά στο έργο και τότε ο άνθρωπος έγινε κακός. Αλλά είναι καλό που μέσω του δίκαιου Θεού μας δίνει την ευκαιρία να συνεχιστεί η ζωή.

Η ζωή και ο θάνατός μας είναι το τέλος της ζωής μας. Έχουμε ζωή σε αφθονία στον Θεό και ο θάνατος είναι το πέρασμα στον πνευματικό κόσμο, όπου θα κριθούμε. Γνωρίζοντας πώς να διαχειριστούμε τη ζωή μας είναι η καλύτερη στάση που μας οδηγεί στην επιτυχία και την ευτυχία.

Αναλογιζόμενοι τη ζωή, νομίζω ότι πρέπει να βρούμε τον δικό μας δρόμο. Με αυτόν τον τρόπο, η οικογένειά μας, οι συγγενείς, οι φίλοι, οι γνωστοί, οι αναγνώστες, οι θαυμαστές, οι οπαδοί, εν ολίγοις, όλοι όσοι μας στηρίζουν συμπεριλαμβάνονται για να συνεχίσουμε. Δεν είμαστε τίποτα χωρίς όλους αυτούς τους ανθρώπους που είναι μέρος της οικογένειάς μας. Επομένως, ας είμαστε ταπεινοί, απλοί και πάνω απ' όλα συνοδοιπόροι όλων αυτών των ανθρώπων.

Λίγα λόγια για τη μητέρα μου

Η μητέρα μου γεννήθηκε στην περιοχή του μικρού αλόγου του Περναμπούκο. Γεννήθηκε σε ένα απλό ξύλινο σπίτι με άλλα δέκα αδέλφια. Ο πατέρας και η μητέρα τους ήταν αγρότες. Η γενετική προέλευση της οικογένειας είναι πορτογαλική, εγχώριος και ισπανική.

Η μητέρα μου πέρασε πολλές οικονομικές δυσκολίες ως παιδί. Έπρεπε να δουλέψει νωρίς στον κήπο για να βοηθήσει τους γονείς της. Στην παλιά εποχή, έγιναν μεγάλες φυτείες ντομάτας που αγοράστηκαν από ένα τοπικό εργοστάσιο.

Η μητέρα μου παντρεύτηκε νωρίς και μετακόμισε στο σπίτι του συζύγου της. Μετακόμισαν στη Μπραζίλια, αλλά λόγω του ατυχήματος με τον πατέρα μου, επέστρεψαν στο Περναμπούκο. Η μητέρα μου είχε έξι όμορφα παιδιά που σήμερα είναι η μεγαλύτερη κληρονομιά μου. Οι γονείς μου πέθαναν και το ίδιο έκανε και ο αδελφός μου Αντενίλντο. Ο αδελφός μου είχε τρία όμορφα παιδιά που είναι τα αγαπημένα μου ανίψια. Αυτό είναι λίγο για τις ρίζες μου.

Λίγα λόγια για τον αδερφό μου Αντενίλντο

Ο Αντενίλντο ήταν ο δεύτερος μεγάλος μου αδερφός. Ήταν αγρότης όπως και τα άλλα αδέλφια μου. Έπρεπε να εργαστεί νωρίς στο αγρόκτημα, στη δεκαετία του εβδομήντα και του ογδόντα, σε φυτείες ντομάτας στην πολιτεία Paraíba. Με την επιτυχία αυτών των φυτειών ντομάτας ο πατέρας μου αγόρασε τη σημερινή γη στην οποία ζούμε.

Μετά από αυτό, επέστρεψε στη νέα ελπίδα, είχε αρκετές εξόδους και τελικά παντρεύτηκε έχοντας τρία όμορφα παιδιά. Πάντα βοηθούσα οικονομικά την οικογένειά του όταν ήταν άνεργος. Ακόμα νέος, σε ηλικία σαράντα οκτώ ετών, υπέστη πνευμονικό εγκεφαλικό επεισόδιο και θρόμβωση, τα οποία τελικά οδήγησαν στο θάνατό του. Παρέμειναν από την οικογένειά του, τη σύζυγό του και τα τρία παιδιά τους.

Το μεγάλο μου όνειρο ήταν να γυρίσω τον κόσμο.

Έχετε σκεφτεί ποτέ να κάνετε ένα υπέροχο ταξίδι επισκεπτόμενοι κάθε χώρα του κόσμου; Αυτό θα ήταν πολύ ωραίο, έτσι δεν είναι; Γνωρίστε όλους τους χερσαίους πολιτισμούς, τις πρωτεύουσες κάθε χώρας, τα αξιοθέατα, μιλήστε με αυτούς τους ανθρώπους.

Αλλά δεν θα είχα τα κότσια να γυρίσω τον κόσμο. Φοβάμαι να πετάξω. Έτσι, προτιμώ να γνωρίζω τα όμορφα μέρη πιο κοντά στο σπίτι.

Να είστε ευτυχισμένοι ακόμα κι αν σας παρεξηγούν οι άλλοι

Ο κόσμος δεν σε καταλαβαίνει και σε κυνηγάει. Ο κόσμος σας βασανίζει με την έλλειψη φροντίδας σας. Τότε αναρωτιέσαι, τι έκανα λάθος για να το αξίζω αυτό; Δεν κάνατε απολύτως τίποτα κακό. Μόνο αυτό που σκέφτονται οι άλλοι είναι διαφορετικό από αυτό που πιστεύετε. Το ξεπερνάω και πηγαίνετε να ζήσετε την αλήθεια σας.

Όταν ήμουν νέος, ένιωθα ένοχος που δεν ευχαριστούσα τους άλλους. Ένιωθα αβοήθητη και λυπημένη που κανείς δεν μου άρεσε. Εκεί όμως έγκειται το λάθος. Είσαι αυτός που πρέπει να σε συμπαθεί. Όταν εκτιμάς τον εαυτό σου, είσαι κοντά στην ευτυχία. Όταν αγαπάς τον εαυτό σου, προσελκύεις την αγάπη του άλλου. Αυτό ονομάζεται παγκόσμιος νόμος της έλξης.

Μην αφήνετε κανέναν να κυριαρχήσει στις ενέργειές σας.

Έχετε αυτονομία για να αποφύγετε τις κακές επιρροές. Έχετε αυτονομία για να ασκήσετε την ελεύθερη βούλησή σας. Είναι απαράδεκτο, λοιπόν, για κάποιον να θέλει να σας κάνει αφεντικό. Πρέπει να ασκήσετε αυτό το δικαίωμα, ώστε να μην μετατρέψετε μια κούκλα στα χέρια άλλων. Μη φοβάστε. Αγωνιστείτε για την ελευθερία σας και να είστε ευτυχισμένοι.

Πάντα επηρεαζόμουν από την οικογένειά μου σε κάποια πράγματα. Αλλά καταλαβαίνω ότι αυτή η σχέση επιρροής είναι αναπόφευκτη. Εξαρτώνται από εμένα στον οικονομικό τομέα και ό, τι κάνω τους επηρεάζει. Πρέπει λοιπόν να αποφασίσω όχι μόνο για τον εαυτό μου, αλλά για τέσσερα άτομα.

Αυτή η κατάσταση οικονομικής και συναισθηματικής εξάρτησης με στενοχωρεί. Αλλά καταλαβαίνω ότι τίποτα δεν είναι για πάντα. Θα έρθει μια στιγμή που θα είμαι εντελώς ελεύθερος. Ίσως κάνω κατάχρηση αυτής της ελευθερίας σε ορισμένα ζητήματα. Πιστεύω λοιπόν ότι η τωρινή μου κατάσταση είναι καλή.

Ο εγωισμός είναι το χειρότερο από τα ελαττώματα.

Εγωισμός είναι να θέλεις τα καλά πράγματα για σένα. Καταλαβαίνω ότι ο κόσμος είναι γιγάντιος, πληθυντικός, με πολλούς ανθρώπους να αγωνίζονται καθημερινά για την επιτυχία τους. Γιατί λοιπόν να μην θέλετε να δείτε ο ένας την ευτυχία του άλλου; Εύχομαι καλό σε όλους τους ανθρώπους που γνωρίζω, φίλους ή εχθρούς. Όταν θέλεις καλό από τους άλλους, παίρνεις τρεις φορές περισσότερα σε αντάλλαγμα.

Ο εγωισμός δεν ταιριάζει αυτές τις μέρες. Χρειαζόμαστε τον ενωμένο κόσμο, δυνατό, για να αγωνιστούμε μαζί. Χρειαζόμαστε ανθρώπους που σπάνε τον κύκλο του κακού και χτίζουν νέες σχέσεις αγάπης και

αλληλεγγύης. Ο κόσμος χρειάζεται ικανούς, αφοσιωμένους, καλούς και γενναιόδωρους ανθρώπους. Ας ελπίσουμε για το καλύτερο στον κόσμο.
 τελικός

www.ingramcontent.com/pod-product-compliance
Lightning Source LLC
LaVergne TN
LVHW020433080526
838202LV00055B/5160